둥지 철학을 향하여
통합의 인문학

통합의 인문학 둥지 철학을 향하여

초판발행 · 2009. 8. 31.
초판 2쇄 · 2010. 7. 20.
지은이 · 박이문
펴낸이 · 지미정
편집 & 교정 · 박은영 · 서미현 · 최지영
bookdesign · f205
홍보 & 마케팅 · 이나나
펴낸곳 · 知와 사랑
서울시 마포구 합정동 355-2
전화 (02)335-2964
팩시밀리 (02)335-2965
등록번호 제10-1708호
등록일 1999. 6. 15.

ISBN 978-89-89007-46-3 04100
ISBN 978-89-89007-21-6 (set)

값 12,000원

www.jiwasarang.co.kr

둥지 철학을 향하여
통합의 인문학
Philosophy of Nest

박이문 지음

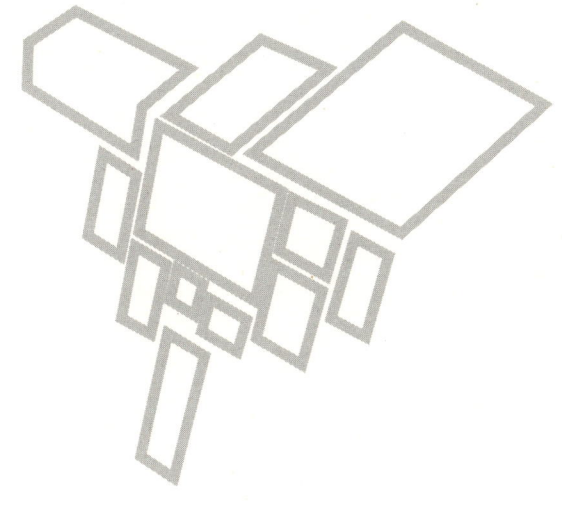

知와 사랑

책을 내면서

앎에 대한 탐구와 축적을 뜻하는 학문은 보는 관점에 따라 여러 가지 방식으로 분류될 수 있다. 그것은 앎의 대상에 따라 자연과학과 인문학으로 분류될 수도 있고, 그것이 목적하는 바에 따라 진리의 발견일 수도 있고, 특정한 목적 달성을 위한 도구로 무엇인가에 대한 기술적 고안과 제작을 뜻하는 경우도 있다. 이 때 전자와 후자는 각각 '순수한' 것과 '도구적'인 것, 지적 만족을 위한 것과 실천적 유용성을 위한 것으로 분류될 수 있다. 전통적으로 물리학·화학·생물학 등의 자연과학과 수학·문학·역사·철학으로 대표되는 인문학 등이 전자에 속한다면, 여러 가지 공학·의학·간호학·건축학·정치학·군사학·경영학 및 다양한 장르의 예술과 디자인 과목이 모두 후자에 속한다.

과거에는 동양에서나 서양에서나 학문의 중심이 인문학에 있었지만 서양에서 근대적 과학의 발견 및 개발 후에는 학문의 중심이 인문학에서 자연과학으로 옮겨갔고, 서양문명의 유입에 따라 동양에서도 같은 현상이 나타났다. 이러한 추세는 지난 한 세기, 특히 반세기 동안에 가속적으로 두드러지게 진행되고 있다. 이러한 과정에서 한편으로는 수많은 종류의 학문들이 새로 조합되어 우후죽순처럼 가지를 치고 세분되면서 전통적으로 존재했던 학문들 간의 경계가 흐릿해지고, 다른 한편으로는 전통적 인문학이 자연과학 특히 공학적 기술학과에 압도되어 주변으로 밀리게 되거나 자연과학에 흡수되는 위기를 맞고 있다. 자연과학적 지식 특히 공학적 지식의 물질적·실용적 유용성에 비해서 인문학·순수과학은 그렇지 못하기 때문이다. 바로 이 점에서 '인문학의 위기'라는 문제가 제기되는 것이다.

　이러한 학문의 시대적 변천 속에서 학문 간의 경계가 불분명해지고 그 정체성이 희미해지고 있다. 최근 널리 회자되는 학문의 통합·통섭·융합의 문제도 위와 같은 학문의 변천과 밀접하게 관계된다. 이런 맥락에서 나는 멀리는 70년대부터 가깝게는 금년 5월에 이르기까지 40년 가까이 여러 장소와 지면을 통해서 '학문들 간에 존재하는 차이, 관계, 새롭게 생기고 있는 특정한 분과적 학문'에 대해서 철학적 차원에서 여러 모로 생각을 해왔고 그것을 발표해 보았다. 이 책은 그렇게 쓰고 발표했던 글들을 손질하여 모은 것이다.

　그동안의 작업은 한편으로는 과학과 인문학 각각의 개념과 기능, 방법, 그것들 간의 차이점과 공통점을 밝힘으로써 우리가 현재 직면하고 있는 인문학의 위기와 학문·진리·지식의 의미를 정리하려는 데 있었다. 다른 한편으로는 인문학의 위기는 과학에 의한 인문학의 흡수에 있는 것이 아니라 인문학에 의한 과학의 흡수에 있다는 주장을 펴는 데 있다. 그것이 어떤 학문이든지, 우리가 세계를 어떻게 보든지, 우리가 문명사적 새로운 환경에서 살든지, 결국 모든 학문, 모든 세계관, 우리의 모든 선택은 필연적으로 '인문학적'일 수밖에 없는 것, 즉 주관적일 수밖에 없는 인간에 의한 인식이며, 산물이기 때문이다. 인문학의 위기는 어쩌면 인문학에 의한 과학의 통합 과정에 나타나는 불가피한 현상에 지나지 않는다. 과학의 인문적 통합의 원리를 '둥지의 철학'이라 부른다.

  이 자리를 빌려 나는 이 책의 출판을 위해 원고를 싣도록 허가해준 여러 출판사 관계자들께 감사를 드리고, 미처 연락을 취하지 못한 곳에는 양해를 구한다. 끝으로 이 책의 출간을 맡아준 지와 사랑 출판사와 여러분께 감사의 말을 전하고 싶다.

2009년 8월
일산 문촌 마을에서
박이문

차례

책을 내면서 ___ 005

I. 인문학이란 무엇인가

1장 | 인문학의 중요성

    1. 인문학은 위기인가 ___ 015
    2. 인문학은 어떤 학문인가 ___ 018
    3. 인문학은 왜 중요할까 ___ 022
    4. 인문학의 위기를 극복하기 위해서는 ___ 025

2장 | 인문학의 개념과 기능

    1. 인문학의 개념 ___ 029
    2. 인문학의 기능 ___ 033

3장 | 인문학의 방법론

    1. 인문학의 대상 ___ 040
    2. 인문학의 내용 ___ 043
    3. 인문학의 방법론 ___ 048

4장 | 구조주의와 기호학

    1. 자연현상과 의미현상 ___ 056

    2. 기호와 구조 ___ 059

    3. 언어와 기호 ___ 063

    4. 기호의 해독 ___ 067

    5. 구조의 보편성 ___ 074

    6. 기호와 메타기호 ___ 079

    7. 구조와 실존 ___ 083

5장 | 인문학과 해석학

    1. 인문학의 철학적 문제들 ___ 089

    2. 인문학적 텍스트의 해석 ___ 092

    3. 방법론으로서의 해석학 ___ 102

    4. 텍스트의 해석과 평가, 인식의 문제 ___ 107

6장 | 역사서술과 사관의 문제

    1. 인문학으로서의 역사학 ___ 111

    2. 역사서술과 사관 ___ 118

II. 과학의 인문학적 통합

7장 | 지식의 객관성

    1. 머리말 ___ 129

    2. 인식론적 개념으로서의 객관성 ___ 132

    3. 존재론적 개념으로서의 객관성 ___ 147

    4. 하나의 구호인 객관성 ___ 155

8장 | 문화과학과 문화의 평가

    1. 문화의 개념과 평가 ___ 158

    2. 문화에 대한 두 가지 담론 ___ 162

    3. 문화적 가치평가의 기준과 비평의 기능 ___ 170

9장 | 자연과학과 인문학

    1. 자연과학과 인문학의 구별 ___ 176

    2. 자연과학과 인문학의 관계 ___ 183

    3. 인문학의 가치 ___ 186

10장 | 둥지로서의 지식과 그 너머

    1. 신념 · 지식 · 학문의 개념들 ___ 193

    2. 지식과 진리의 잣대와 상대주의 ___ 198

    3. 지식의 건축 모델로서의 둥지 ___ 202

    4. 지식의 너머 ___ 205

11장 | 학문의 통합과 둥지 철학

    1. 인문학과 자연과학의 통합은 어떻게 가능한가 ___ 209

    2. 궁극적 학문으로서의 통섭의 개념 ___ 212

    3. 학문들의 통섭과 퓨전 ___ 215

    4. 둥지 철학을 향하여 ___ 217

    색인 ___ 219

I. 인문학이란 무엇인가

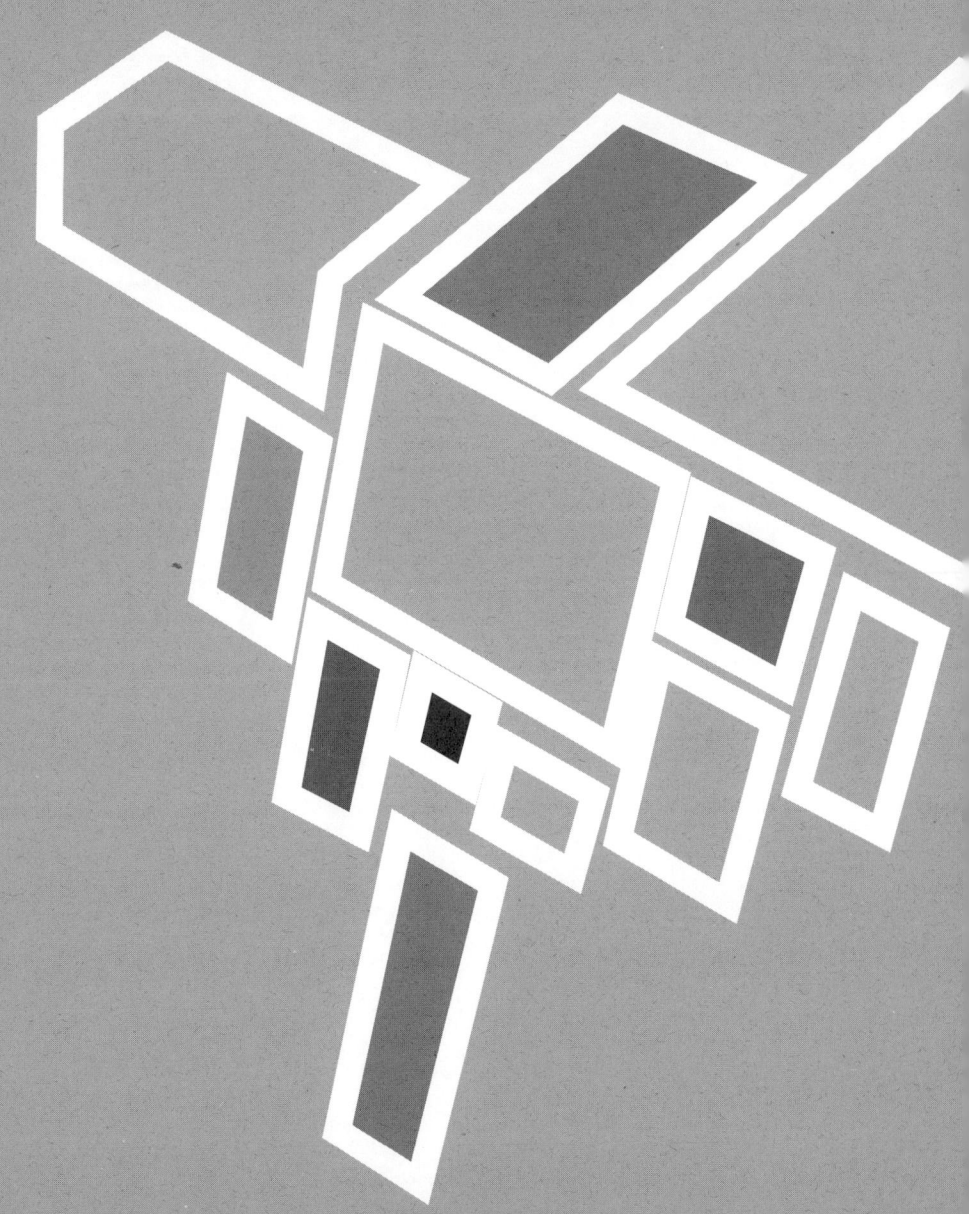

1장 | 인문학의 중요성

1
인문학은 위기인가

몇 년 전부터 '인문학의 위기'가 학계의 중요한 화두로 떠올랐다. 인문학의 위기에 대한 의식이 한국에서 각별하지만 이는 한국만의 특수한 현상은 아니다. 미국에서도 이미 1970년대에 하버드대학에서 시작되어 여러 주요 대학들로 퍼진 인문학 교과과정의 전면적인 개편이 있었고, 앨런 블룸이 『미국 정신의 종말 The Closing of the American Mind』(1987)에서 미국 대학에서의 인문교육의 빈곤을 고발하고 맹렬히 비판하면서 교육계에 뜨거운 논쟁이 일어나기도 했다.

그러나 거듭된 논의·토론·논쟁에도 불구하고 인문학 위기에 대한 해결은커녕 위기에 대한 공감대조차 제대로 형성되지 않고 있다. 특히 한국에서는 그 윤곽조차 제대로 드러나지 않는다. 이는 모든 사람이 공감할 수 있는 '인문학의 위기'에 대한 개념은 물론 '인문학' 자체의 개념조차 정리되지 못한 데서 기인한 것으로 보인다.

문학·역사·철학 등을 총칭하는 인문학은 학문 대상의 존재론적 성격과 학문의 방법, 학문적 주장에 대한 객관성의 차이에 따라 물리학·화학·생명학·천문학 등으로 대표되는 자연과학과 다른 한편으로는 사회학·정치학·경제학·인류학 등과 구별되는 전통적인 학제적 개념이다. 인문학의 위기에 대한 담론에 앞서 이러한 점을 먼저 분명히 해야 할 것이다. 인문학이 위기에 처해 있다면, 학문의 위기가 정확히 무엇을 뜻하며 이것이 어떤 근거에 기반하고 있는지 알아야 한다.

학문의 위기는 첫째, 절대적 권위를 누리던 기존의 특정 학설이 새로운 학설의 등장으로 흔들리고 있음을 의미할 수 있다. 아인슈타인의 상대성이론에 흔들린 뉴턴의 물리학, 리만의 기하학으로 흔들린 유클리드의 기하학, 칸트의 인식론 앞에 있던 데카르트의 인식론, 데리다의 철학적 포스트모더니즘에 해체된 플라톤적 철학에 바탕을 둔 모더니즘, 다윈의 진화론의 도전을 받은 기독교의 창조론은 학문적 위기의 구체적인 사례들이다. 그러나 이 경우는 학문의 위기가 학문의 퇴보보다는 발전의 징표인 이상 우려가 아니라 환영의 대상이다. 따라서 이런 뜻으로 한국에서의 인문학의 위기를 말할 수는 없다.

둘째, 학문의 위기는 학계의 학문적 업적의 침체에 근거한다. 세계적 맥락에서 한국의 인문학이 서양 이론에 의존한 채 세계적으로 주목할 만한 학설을 내놓지 못하는 것으로 보아 한국의 인문학 위기를 진단할 수 있다.

그러나 이러한 현상이 새롭게 나타난 것은 아니다. 근대적 학문이 수입된 이래 이러한 현상은 줄곧 이어져왔다. 이러한 사실을 전제할 때 오늘날 모든 분야가 그러하듯 인문학도 전공자들의 수와 그들이 이룬 성과의 양과 질을 50년 전, 아니 30년 전과 비교해보면 위기는커녕 믿을 수 없을 정도의 전성기를 누리고 있다. 그럼에도 불구하고 한국 인문학의 위기를 말한다면 구체적으로 무엇이 위기라는 것일까?

첫째, 그것은 자연과학이나 사회과학 계열의 학자들과 비교해봤을 때 상대적으로 인문학이나 인문학자들에 대한 국가적 · 사회적 관심과 대우 및 지원의 차이, 그에 따른 인문학자들의 상대적 소외감과 박탈감을 지칭할 수 있다. 그러나 이러한 현상은 인문학 계열 학자들의 경제적 · 심리적 문제이지 인문학 자체의 위기일 수 없다.

둘째, 그것은 대학에서 인문학 전공자의 급격한 감소, 이에 따른 대학 기구 개편을 통한 전통적 인문학과들의 폐쇄나 통합, 그러한 것이 함의하는 인문학 전공학자들의 구직이나 활동 기회의 축소나 부재를 지칭할 수 있다. 그러나 이러한 현상들은 특수한 계층의 심리적 · 경제적 문제이며, 그러한 계층에서 부각되는 사회적 위기일 수 있지만 그 자체가 곧 인문학의 위기가 아니다. 이러한 여건 속에서도 독창적이고 훌륭한 학문적 이론이 세워질 수 있으며, 위대한 소설가나 시인들이 탄생할 수 있기 때문이다.

한국에서의 인문학 위기의 핵심은 인문적 교양의 질적 저하와 부재이다. 현재 학계에서 벌어지고 있는 인문학의 위기에 대한 의식, 그에 대한 담론과 논쟁에는 두 가지 의식이 깔려 있다. 첫째는 인문학 즉 문학 · 역사학 · 철학 등에 관한 어느 정도의 교양이 모든 국민에게 바람직하다는 교육관이며, 둘째는 오늘날의 고등학교는 물론 대학 교육을 받은 이들조차도 일반적으로 일정 수준의 인문교양을 갖추지 못하고 있다는 것이다.

그렇다면 문학 · 역사학 · 철학 등에서 얻을 수 있는 교양의 구체적 내용은 무엇이며, 그러한 교양의 중요한 근거는 무엇일까? 교양이 중요하다면,

누구에게 그리고 얼마나 중요할까? 인문학에 관한 담론은 이러한 물음들에 대한 답에서 시작해야 한다.

만약 현재 한국의 인문학이 위기에 처해 있다는 판단이 내려진다면 그 위기는 반드시 극복되어야 한다. 또한 그러한 위기를 극복하기 위해서는 먼저 원인이 무엇인지 규명해야 하고, 이에 근거해서 국가적 차원에서 일관된 교육이념의 확립, 대학의 제도 개혁, 커리큘럼의 재편성, 인문교양 교육 방법의 개선, 마지막으로 이러한 목적을 달성하기 위해 국가적 · 사회적 투자가 확대되어야 한다.

2
인문학은 어떤 학문인가

인문학은 학제적 분류 개념들 가운데 하나이다. 모든 학문들 간의 학제적 구별은 절대적이 아니며 때로는 모호하다. 그럼에도 불구하고 이러한 구별을 하는 것은 실질적으로 불가피하고 편이하기도 하다. 인간의 자의적 지적 활동이자 그 산물인 학문은 일차적으로는 순수한 지적 호기심의 표현이자 결과인 서술적인 것과, 생물학적 욕망의 표출이며 결과인 실천적인 것으로 구별된다.

이 두 종류의 학문들은 이론적 학문과 도구적 학문으로 부를 수 있다. 서술적 학문을 이론적 학문으로 부를 수 있는 이유는 서술적 학문의 목적이 단순히 어떤 대상을 서술하는 것에 그치지 않고 그 대상의 다양한 현상의 원리를 파악하고자 하는 데 있기 때문이다. 서술과 이론은 모두 어떤 현상 서술의 표상이란 점에서는 동일하다. 그러나 서술적 표상이 그 대상의 복사를 지향하는 데 반해 이론적 표상은 그 대상의 여러 특수성을 추상적이면서 자연적 법칙 혹은 객관적 원리에 근거한 연역적 해명을 의도한다는 점에서 사뭇 다르다. 서술적 앎으로서의 사진, 그림, 소설은 어떤 사물이나 사건을 사실적으로 재현해준다. 그러나 서술적 앎은 그러한 사물이나 사건이 발생하게 되는 원리나 법칙을 밝히지는 못한다. 반면 이론적 앎으로서의 뉴턴의 역학, 다윈의 진화론, 마르크스의 역사적 유물론, 종교의 교리, 애덤 스미스의 국부론 등은 특정 원리 혹은 법칙에 비춰 물리현상, 생명체의 다양성, 역사의 변화, 우주의 기원과 그 안에서 벌어지는 모든 현상, 경제현상 등의 메커니즘을 밝혀낸다. 그러나 이론적 앎은 그러한 것들을 사실적으로 재현해주지는 못한다.

또한 이론적 앎은 탐구대상이 존재론적으로 물질적 현상이나 정신적 현상이냐는 판단에 따라 독일의 사회과학자 막스 베버의 용어를 빌리면 전통적으로 물리학·화학·생물학 때로는 심리학을 포함하는 자연과학과 역시 전통적으로 문학·역사학·철학 때로는 심리학 그리고 사회학·경제학·정치학·인류학 등을 포괄하는 정신과학으로 분류된다.

정신과학은 대상의 여러 현상들이 자연과학의 경우와 마찬가지로 자연법칙에 따라 인과적으로 설명될 수 있느냐, 아니면 자연과학의 경우와는 달리 문화적 규범에 따라 논리적으로 이해할 수 있느냐 하는 것으로 사회과학과 인문학으로 구분된다. 사회과학에는 사회학·경제학·정치학·

인류학 등이 포함되고, 인문학에는 문학·역사학·철학 등이 포함된다. 이러한 점에서 인문학은 결코 과학이라고 말할 수 없다. 인문학도 일종의 앎을 추구한다는 점에서 널리 사용되는 인문과학이란 개념은 자기 모순적이다. 인문학에는 그냥 인문학이란 개념이 더 적절하다. 객관성은 앎이 지향하는 바이고 자연과학적 앎이 가장 객관적 앎이란 점에서 모든 앎의 이상이기는 하지만, 모든 앎이 자연과학으로 환원될 수는 없다.

인문학을 대표하는 문학·역사·철학 등은 앎의 대상이 물리적 혹은 물리적 현상으로 보여진 현상이 아니라 기호 혹은 기호적으로 보여진 현상이라는 점에서 동일하다. 학문으로서의 문학의 대상은 문자적 기호로서의 문학작품이고, 역사학의 대상은 문자적 기호로서의 역사적 기록 혹은 기호로 볼 수 있는 역사적 유물·유적이다. 또한 철학의 대상은 문자적 기호로서의 철학 텍스트 혹은 기호로 볼 수 있는 철학적 사유 활동이다. 기호는 해석의 대상이며 해석은 언제나 의미의 해석이다. 그러므로 기호를 앎의 대상으로 하는 인문학은 지각할 수 있는 기호 안에서 비지각적인 의미를 찾아내고 해석을 해석하는 학문, 즉 일종의 기호학이다. 기호의 의미는 어떤 물리적 현상·사건·상황일 수 있고, 기호를 표시한 인간의 감정이나 의도 혹은 생각일 수 있다.

기호로서의 문학작품은 작가가 자신의 상상을 통해 머릿속에 꾸며보는 자연적·사회적 모습 혹은 인간의 지적·미학적·도덕적 삶의 다양한 모습을 지칭하거나 의미를 나타내기 위해 사용된 언어적 매체이다. 그러므로 문학작품의 해석을 목적으로 하는 학문으로서의 문학의 기능은 문학작품이라는 기호가 표상하는, 작가가 보는 인간세계와 이러한 세계에 대한 작가의 정서적·지적 반응을 읽어내는 데 있다. 학문으로서의 이러한 문학작품 해석을 통해 우리는 세계, 사회, 인간의 모든 문제를 새로운 각도에서 바라보고, 생각하고, 느끼며 인간의 삶에 관한 시야를 넓힐 기회를 갖게 된다.

역사는 시간의 축에서 본 인류의 집단적 삶의 변화에 대해 역사 서적과 같은 문자적 기호, 문명의 유적이나 유산 같이 비문자적 기호로 기록된 이야기이며, 기호 그 자체이다. 이러한 역사적 기호를 통해 우리는 인류로서의 우리의 객관적 자화상과 그 의미를 배울 수 있다. 이런 점에서 역사적 기호의 해독, 즉 역사학의 기능은 인류의 집단적 자기 인식에 있고, 이러한 자기 인식의 의미는 지평선상에서 인류의 삶의 의미를 발견하는 데 있다.

철학은 인간의 경험을 가장 포괄적인 동시에 체계적으로, 또 가장 심도 있는 동시에 투명하게 설명한다. 학문으로서의 철학은 이러한 철학적 의도의 표시이며 결과로 볼 수 있는 철학적 기호 혹은 텍스트의 해석을 통해 과거 위대한 철학자들이 파악한 세계관을 이해하고 배우는 데 있다. 그러나 더욱 중요한 기능은 세계 전체에 대한 진리를 발견하기에 앞서 모든 기호의 의미를 논리적으로 투명하고 정확하게 사유하는 데 있다. 자연과학이 자연현상에 관한 학문이라면 인문학은 마음에 관한 학문이다.

3
인문학은 왜 중요할까

동서를 막론하고 과거 전통적 교육의 핵심에는 인문학이 있었다. 동양 특히 한국의 고려 시대에는 불경佛經이, 조선 시대에는 사서오경四書五經의 암기와 이해가 교육 내용의 전부였다. 수학 교육이 빠지지 않았던 그리스 전통을 이어받은 서양에서도 신학·철학·문학의 고전들이 교육 내용의 거의 전부였다.

근대적 대학의 설립과 아울러 학문이 학제적으로 틀을 갖추면서 인문계·사회계·자연계·공학계·예능계 등으로 정착되었다. 인문학의 구체적 연구대상이 사서오경과 서양의 고전으로만 제한되지 않고 문학·역사·철학적 사유에 관한 제문제로 확장된 후 20세기 초까지만 해도 인문학은 여전히 가장 중요한 교육 대상으로 인식되었다. 이러한 사실은 단과대학들을 포괄한 종합대학의 핵심에 행정적으로 문학·역사학·철학 교육을 목적으로 하는 인문학과 기초과학의 교육을 목적으로 하는 문리과대학이 늘 중심에 있었고, 불과 반세기 전까지만 해도 문리과대학의 중심에는 늘 인문학이 있었다는 사실에서 확인할 수 있다. 이러한 역사적 사실은 동서를 막론하고 교육적 관점에서 인문학이 얼마나 중요하게 인식돼왔는가 하는 사실을 잘 말해준다.

이러한 상황은 반세기 전부터 조금씩 변해왔는데 최근에는 변화의 속도가 더욱 빨라지면서 전통 학문의 가치 계열에 대한 인식이 완전히 뒤바뀌었다. 이러한 현상은 문리과대학 안에서도 인문계보다는 자연계 학과에, 문리과대학보다는 사회계열의 대학에, 사회계열대학보다는 공과대학에 학생들이 몰리고, 국가적·사회적 투자가 집중되고 있는 사실로 나타난다. 전통적으로 종합대학의 중심이었던 문과대학은 썰렁해지고 학문의 여왕으로 자타가 공인했던 철학은 시녀의 신세로 천대받기에 이르렀다.

그러나 사실상 따지고 보면 이유는 너무 간단하고 명확하다. 봉건적 농경사회가 지역적 자본주의 산업사회로, 초기의 경쟁적 자본주의 산업사회가 지구적 경쟁이 불가피한 첨단 과학기술의 국제자본주의 사회로 급변하면서 물질적 가치가 정신적 가치를 압도적으로 지배하게 되면서, 이러한 사회에서 날로 치열해만 가는 경쟁에서 살아남기 위해서는 전문화된 기술 습득이 필수조건이기 때문이다. 이러한 사회적 현실에서 인문학에 대해 소홀해지거나 아예 내팽개치고 전문기술 학과에만 몰리는 학생들이나 그들의 부모를 무조건 비판할 수는 없다. 누가 생존을 거부할 수 있으며, 누가 물질적 풍요를 마다하겠는가?

그럼에도 불구하고 인문학은 역시 중요하다. 오늘날과 같은 사회적 현실에서 인문학은 다른 어느 때보다도 교육적으로 더욱 중요하다고 할 수 있다. 개인, 사회, 교육자, 피교육자 모두 이러한 사실을 알고 있다. 현재 학계와 교육계에서 중요한 화두의 하나가 되고 있는 '인문학 위기'라는 개념은 이러한 사실의 실증이다. 그렇지만 인문학의 중요성에 대한 근거는 아직 분명하지 않다.

그렇다면 인문학은 왜 중요할까? 흔히 인문학의 도구적 가치를 근거로 인문학의 중요성을 주장한다. 여기서 인문학의 도구적 가치는 경쟁에서 승리하기 위한 도구적 가치와 개인과 사회의 발전에 필요한 도구적 가치로 양분할 수 있다.

첫 번째 주장은 대략 다음과 같은 논리로 전개된다. 우리는 모두 잘 살기를 바란다. 그러자면 오늘날 전 세계적으로 벌어지고 있는 개인적·집단적·국가적으로 치열한 모든 종류의 경쟁, 특히 경제적 경쟁에서 이겨야만 한다. 그렇게 하자면 갖가지 기술, 특히 과학기술 개발의 경쟁에서 남들보다 앞서야 하며, 경쟁에서 앞서려면 창의력이 필요하다.

그러나 과학기술개발 자체는 역설적으로 기술적이 아니라 창의성의 문제이며, 창의성은 논리적 사유의 기계적 결과가 아니라 논리적으로 설명할 수 없는 상상력의 산물이다. 창의적 상상력은 문학작품의 이해와 분석을 통해 가장 효과적으로 훈련할 수 있다. 왜냐하면 문학작품 자체가 누군가의 풍부한 상상력이 빚어낸 예술작품이기 때문이다.

두 번째 주장은 대략 다음과 같은 논리로 전개된다. 오늘날 세계가 날로 복잡해지고, 지식과 직업이 급속도로 세분화되며, 생활이 갈수록 더욱 바빠진다. 그럴수록 필요한 것은 자신의 행동과 사유 그리고 역사와 사회의 분산된 모든 현상을 종합적으로 파악해서 반성적으로 비판하고 개혁할 수 있는 적절한 거리 유지가 필요하다. 지적 기능 최고의 결정체인 문학·역사·철학의 고전들은 이러한 능력을 자극하고 계발하는 데 빼놓을 수 없는 교과서로서 우리의 지적 능력을 키우는 데 도구적 가치를 지니고 있다.

물론 인문학이 위와 같은 도구적 기능을 할 수 있지만, 이러한 도구적 가치는 우연적이고 피상적 속성이지 본질적인 것은 아니다. 인문학의 본질적 가치는 내재적 가치, 즉 목적을 위한 수단이 아니라 그 자체가 바로 목적이라는 데 있다. 문학작품에서 느끼는 감동, 역사 공부를 통해 경험하는 인류의 일원으로서의 자아의식, 그리고 철학을 통해 배우는 사유의 투명성은 물질 이상으로 인간의 삶을 풍요롭게 해주는 정신적 양식인 것이다.

이러한 점에서 인문학적 가치야말로 인간을 인간답게 하는 유일한 조건인 것이다. 결론적으로 말해서 인문학이 중요한 것은 그것이 추구하는 가치가 곧 인간으로 존재하는 우리 자신의 가치이기 때문이다.

4
인문학의 위기를 극복하기 위해서는

현재 교육계에서 문제가 되는 인문학의 위기는 한국 대학생들만이 아니라 전 세계 대학생들에게서 공통적으로 나타나는 인문학에 대한 무관심과 문화적 교양의 질적 저하 내지는 부재를 의미한다. 그러나 한국의 경우 인문학 박사와 교수의 수적 감소 그리고 그들의 연구결과의 질적 하락이란 의미에서 인문학의 위기는 존재하지 않는다고 말할 수 있다. 지난 30년 동안 인문학 박사와 교수의 수가 예전에 비해 상대적으로 급증했으며, 그들의 수준은 과거와 비교해볼 때 비약적으로 높아졌다. 그럼에도 불구하고 다른 나라들과 비교하면 한국 인문학자의 양적·질적 수준은 여전히 부족한 면이 있다. 이러한 점에서 한국에서의 인문학 위기는 문화 선진국들의 위기와는 달리 대학 교양교육의 수준 저하와 전문적·학술적 수준이 미흡한 데 있다고 볼 수 있다.

이상과 같이 두 종류로 나타나는 한국에서의 인문학 위기는 어떻게 극복될 수 있을까? 두 종류의 위기에 대한 근본적 원인을 전 세계를 지배하는 자본주의 경제체제와 그것을 뒷받침하는 과학기술의 발전에서 찾을 수 있다면, 인문학 위기는 자본주의 경제체제와 과학기술을 타도·제거함으로써만 가능하다는 주장이 나올 수 있다. 실제로 많은 식자들이 이러한 주장을 펴고 있다. 그러나 그들의 주장에는 설득력이 없다.

인문학 위기의 본질은 자본주의 경제체제와 첨단 과학기술에 있는 것이 아니라 정신보다 물질을, 마음의 양식보다는 몸의 양식을 선호하는 가치관에 있다. 현재 이러한 가치관이 전 세계에 팽배해 있다. 자본주의 경제가 지배하는 사회와 과학기술의 발전이 정신적 만족보다 물질적 안락함을 선호하는 인간을 만들어내는 것이 아니라 거꾸로 정신적 가치보다 물질적 만족에 더 큰 비중을 두는 인간의 보편적이고 원초적 욕구가 자본주의 경제체제와 과학기술 발전을 가져오게 했다는 사실을 간과할 수 없기 때문이다.

설사 자본주의 경제체제와 첨단 과학기술만이 인문학 위기의 원인이라고 인정하더라도 지구적 혁명이나 자연의 대변동이 있지 않는 한 오늘날 아무도 이러한 체제와 기술발전을 제쳐놓을 수 없는 것이 엄연한 현실이다. 그렇다면 자본주의 경제체제와 첨단 과학기술 발전에 대한 돈키호테식 고발 및 규탄은 하나의 공허한 절규에 불과할 뿐 인문학의 위기를 극복하는 대책이나 방법이 될 수는 없다. 중요한 것은 객관적 현실에 대한 이성적 인식과 이러한 인식에 기초하여 현실적이고, 가능한 최선의 대책을 우리의 실정에 맞도록 강구하는 일이다.

그러나 대학생들 일반의 인문적 교양의 질적 저하라는 문제와 국제적 수준에 미치지 못하는 한국 인문학의 학문적 낙후를 극복하는 문제는 각기 다른 방법으로 접근해야 한다. 그렇다면 대학 졸업자의 인문학적 교양수준을 높이기 위한 구체적 대책과 방법은 무엇일까?

첫째, 가정과 초등학교에서 기본 인성과 규범을 교육하고, 중·고등학교에서는 논리적 사고와 논술 훈련을 강화하는 것이다. 그리고 모든 대학에서 신입생을 대상으로 문과계, 이과계, 공과계, 직업계 지원생을 망라한 모든 학생들에게 국가의 일관성 있는 교육철학에 근거하여 철학과 문학 그리고 한 과목 이상의 문화사나 과학사를 수강하는 것을 의무화하는 것이다. 1년 동안의 인문계 과목 수강이 포함된 전문기술 및 직업교육은 국가적으로 장기적 안목에서 볼 때 경제적·기술적 생산에 훨씬 더 효율적 결과를 낼 것이다.

둘째, 급변하는 지적·이념적·사회적·역사적 현실에 맞추어 여러 다른 학문과 연계할 수 있는 연구 및 보완을 통해 새로운 인문학 강좌를 지속적으로 개발하고, 일관성 있는 커리큘럼을 구성하는 것이다. 이러한 커리큘럼에는 지금까지의 관례와는 달리 서양 고전 텍스트 중심에서 벗어나 현대 작품들을 추가하고 동양 및 한국의 고전과 현대 텍스트들을 가급적 많이 포함해야 한다.

셋째, 학생들의 인문적 흥미를 유발시킬 수 있는 능력을 갖춘 교수들을 양성하고, 효과적인 교수법을 개발해야 한다.

다음으로 한국의 인문학을 세계적 수준으로 끌어올리기 위한 대책에는 무엇이 있을까?

첫째, 학문적 가치에 대한 인식의 개혁이 개인적으로나 사회적으로 요구된다. 학문의 비도구적이고 순수한 내재적 가치, 즉 '학문을 위한 학문'을 존중하고, 인문학 연구논문은 과학 연구논문들과는 달리 '대중성'이 있어야 한다는 대중의 잘못된 인식에 영합하지 않아야 한다. 인문학자는 진리 탐구를 위해 필요하다면 대중은 물론 비전문적 인문학자도 가까이 하기 어려울 정도로 난해한 사고를 전개하거나 난해한 텍스트를 쓰는 데 주저하지 말아야 한다.

둘째, 모든 국민이 인문학적 교양을 갖추는 것이 바람직하지만, 모든 국민이 인문학자나 교수가 될 필요는 없다. 또한 모든 인문학 교수가 인문학 연구자가 되는 것도 바람직하지 않다. 그러나 소수의 수준 높은 인문학자와 연구자는 국가적 차원에서 반드시 필요하다. 이러한 인문학 교육관의 실천을 위해 소수 대학원 중심의 인문학 교수 양성이 필요하며, 국가인문학연구소와 같은 최고 연구소의 설립을 통해 소수 엘리트 인문학자들을 양성하는 것이 바람직하다.

2장 | 인문학의 개념과 기능

1
인문학의 개념

1) 학제적 개념

동양은 서양의 문명과 학문을 수용하면서부터 서양의 개념들을 수용하여 세계를 인식하고 사유하게 되었다. 인문학이란 학문의 분류도 한 예이다. 인문학이 학문의 거의 전부를 차지할 정도로 교육의 핵심이었지만, 동양에서는 인문학이란 개념이 부재했다. 인 문학이라는 개념은 자연과학natural science을 발견하고 과학기술을 발명한 근대 서양이 만든 것이었지만, 오늘날 이 개념을 사용하지 않고서는 동양의 학문적 담론도 불가능하게 되었다.

    인문학은 일차적으로 학제적 개념이다. 이는 인문학을 구성하는 삼학三學Trivium인 문법, 수사학, 논리학과 과학계열 과목을 구성하는 사과四科Quadrivium인 수학, 기하학, 천문학, 음악으로 구성된 중세 서양 대학의 7가지 자유 인문 학문의 전통에서 유래한다. 이러한 중세적 학과목의 구분과 인문학의 개념, 근대 서양 대학 과목으로의 편입은 로마의 철학자이자 정치가인 세네카로 대표되는 고대 로마 인문학자들의 교육관 그리고 문법, 시, 음악, 약간의 수학과 자연과학 및 수사학이 포함된 인문학Studia Liberalia 개념에 근거한다. 고대 로마의 인문학은 현재 통용되고 있는 인문학보다 포괄적이어서 인문학 및 자연과학을 아우르고 있다.

현재의 인문학이 좁은 의미로 사용되고 있다는 사실은 수준 높은 교양 교육을 목적으로 설립된 미국의 4년제 대학을 문리과대학文理科大學Liberal Arts and Sciences College이라 부른 사실에서도 알 수 있다. 현재의 인문학은 고대 로마와 중세 인문학에 포함되었던 인문학Liberal Arts/Humanities과 자연과학Sciences/Natural Sciences 가운데 전자에만 국한되고 있는 것이다.

학제적 개념으로서의 자연과학의 전통이 수학, 물리학, 화학, 생물학, 지리학, 천문학 등의 학과목인데 반해 인문학을 구성하는 전통적 과목은 모국어, 문학, 철학, 역사, 언어학, 심리학이며 여기에 외국어, 종교학, 예술사, 인류학, 사회학 등이 더해졌고, 최근에는 기호학, 여성학, 문화학, 생명정보학 등이 새롭게 추가되었다. 앞으로도 새로운 과목들이 추가될 전망이며, 위의 과목들이 재구성되어 새로운 종류의 학과 개념이 생길 가능성이 있다.

동양의 전통 학문과 교육제도에는 인문학과 자연과학의 정확한 구별은 물론 그러한 개념조차 존재하지 않았지만, 유가에서는 사서오경四書五經, 도가에서는 노자老子와 장자莊子가, 불교에서는 수많은 불경佛經들이, 힌두교에서는 힌두교의 경전들이 서양 고등교육에서의 텍스트 개념이었다. 이러한 텍스트들의 성격으로 볼 때, 동양에서의 전통 교육에서 요구되는 학과목 대부분이 인문학의 범주에 속하는 것은 분명하다. 위의 텍스트들에서 다뤄진 내용은 자연과학의 대상인 자연의 물리적 현상에 관한 실증적 이론이 아니라 생각하는 인간이라면 피할 수 없고 또한 인간으로 살아가면서 불가피하게 직면하게 되는 종교적·철학적·문학적·윤리적 문제들을 담고 있기 때문이다.

　인문학이 지칭하는 과목들이 곧 인문학을 규정하는 것은 아니다. 인문학의 개념은 인문학 계열에 속하는 모든 학과목들과 그런 학과들만이 공통적으로 가지고 있는 속성들로 지정된다.

2) 교육적 개념

학과목에 속하는 것들이 무엇인지 아는 것과 학과목의 중요성을 인정하는 것이 다르듯이, 인문학이 학과목의 일부인 것을 아는 것과 그 학문적 중요성을 인정하는 것은 다르다. 현재 많은 학과목들이 존재하고 있으며 새로운 학과목들이 장래에 생겨날 것이다. 그렇지만 모든 학과목이 동등하게 중요한 것은 아니며, 어떤 앎은 이롭기보다 해로운 것으로 인식될 수 있다. 그러므로 인간에게는 배움이 불가피하지만, 모든 배움이 동등하게 필요한 것은 아니다. 교육을 인간이 바람직한 교양을 갖추기 위한 배움과 훈련으로 정의한다면, 보기에 따라서는 교육적 가치가 있는 과목도 있고 오히려 해로운 것으로 평가되는 과목도 있을 수 있다.

　동서고금을 막론하고 인문학은 교육 과목 가운데 가장 핵심적인 위치를 차지해왔다. 이는 인문학의 교육적 중요성이 줄곧 인식돼왔음을 말해주며, 이런 점에서 인문학은 교육적 개념이라고 단정할 수 있다. 그러나 이는 인문학의 가치를 인식해왔음을 지적할 뿐 인문학의 내재적 속성을 규정하는 것은 아니다. 그렇다면 인문학 자체를 어떻게 규정할 수 있을까?

3) 도덕적·종교적·미학적 및 철학적 탐구

모든 학문은 각기 교유한 대상을 가지고 있으며, 그 대상의 특수성에 따라서 그 학문의 성격이 달라지고, 이름이 붙여진다. 영어권에서는 'Liberal Arts/Humanities', 프랑스어로는 'Science Humanines'의 학제적 범주로 분류되는 인문학이 영어나 프랑스어로 다같이 'Humanities'로 불리는 것으로 짐작할 수 있듯이 인문학의 대상은 인간으로서, 인간을 탐구하는 데 그 목적이 있다.

그렇지만 인문학의 이러한 정의는 만족스럽지 못하다. 인간은 심리학·사회학·생물학·화학·물리학의 관점에서도 지식의 대상이 될 수 있기 때문이다. 인문학은 인간에 대한 특수한 관점에서의 연구와 관련된다. 인문학은 인간성humanity, 즉 인간다운humane 속성을 탐구하는 학문이라는 것이다.

인간의 이러한 속성은 도덕적·종교적·미학적·철학적 가치 추구 및 역사적 자기 성찰의 경험으로 드러난다. 이러한 경험은 문학과 예술, 종교적 믿음과 실천, 철학적 사유, 역사적·인류학적으로 표현되고 기록된다. 따라서 인문학의 대상은 현재까지 존재하는 문학작품과 예술작품, 역사적·종교적·철학적·인류학적 저서들이다. 인문학은 이러한 창작물과 저술을 통해 인간성을 탐구하고 이해하려는 학문으로 정의할 수 있으며, 이러한 탐구와 이해는 인간의 반성적 성찰의 표현에 지나지 않는다. 한마디로 인문학은 자기의 정체성identity을 발견하기 위한 반성적인 지적 활동이라고 더 간략하게 규정할 수 있다.

2
인문학의 기능

1) 외재적 기능

인문학의 외재적 기능은 인문학 이외의 학문을 포함한 모든 인간 활동에 미치는 모든 영향과 결과의 잠재력이라고 정의할 수 있다. 역사적으로 동서고금을 막론하고 권력을 지닌 소수의 지배층과 다수의 피지배층이라는 계층의 구분은 불가피했다. "아는 것이 힘이다"라고 했던 영국의 철학자이자 정치가인 프랜시스 베이컨의 말대로 지식은 권력의 필수조건 가운데 하나이다. 이런 이유로 교육을 받은 계층과 교육을 받지 못한 계층의 구별은 곧바로 지배계층과 피지배계층의 구별로 이어진다. 이론적으로는 교육의 기회가 모든 사회 구성원들에게 평등하게 열려 있다는 오늘날에도 정도의 차이가 있을 뿐 실제로는 지식의 분배는 물론 교육의 기회도 불평등하다. 이럴진대 사회적으로는 물론 경제적으로도 불평등했던 동서의 모든 고대 사회에서 교육과 권력의 밀착관계는 더 말할 나위가 없다.

자유인과 노예로 크게 양분되던 로마제국 시대에 교육은 자유인 계급에 속하는 지배층 자녀들이 계급적 전통을 이어감으로써 자신의 계급에 문화적으로 편입하는 과정이자 정치적 의미를 갖는 통과의례 passage rites였다. 당시의 교과목들은 오늘날의 인문학 과목들과는 달랐지만, 그러한 과목들을 '교양교육 Liberal Education'으로 부른 것은 자유인의 신분 계급 유지와 양성을 목적으로 했기 때문이며, 오늘날의 인문학Liberal Arts이란 용어도 위와 같은 로마제국 시대의 교육 전통에서 유래한다. 인문학의 이러한 정치적 기능은 인문학이 교육의 거의 전부였던 동아시아 문화권에서도 다르지 않았다. 극히 소수에게만 가능했던 사서삼경, 노자, 장자, 불경 등의 인문학적 텍스트에 관한 지식은 지배 관료계급, 지배 승려계급으로 향하는 방법이거나 지배 양반계급의 사회적·경제적 신분유지를 보장해주는 것이었다. 오늘날의 산업사회에서 이론적으로는 모든 사람에게 교육의 기회가 보장되고 대부분의 국민이 그러한 혜택을 받는다고는 하지만, 교육과 정치적·사회적·경제적 권력과의 역학관계는 완전히 바뀐 것은 아니며 앞으로도 바뀌지 않을 것이다.

인문 교과목의 이러한 외재적 기능은 원자에너지라는 물리학적 존재가 갖는 외재적 기능, 즉 원자력 발전소와 같은 긍정적 생산물이나 원자폭탄과 같은 부정적 생산물의 양면적 기능에 비유할 수 있다. 여기서 전력공급이라는 원자력 발전소의 기능은 우연적인 것이지 본질적인 것은 아니다. 원자에너지의 본질적인 기능은 물리적 에너지의 발산에 있으며, 이는 원자에 내재하는 속성이므로 우연적이 아니라 필연적이다. 인문학의 위기와 관련해서 우리가 알아야 할 것은 인문학이 갖고 있는 본질적, 즉 내재적 기능이다.

2) 내재적 기능

인문학적 산물로서의 문학, 예술, 역사, 철학, 종교, 인류학, 문화학 텍스트는 누구나 잠재적으로 가지고 있는 도덕적 드라마, 미학적 감동, 종교적 경험, 철학적 반성과 같은 인간의 정신적 활동, 즉 기능의 표현이며 산물이다. 따라서 이러한 텍스트에 대한 해석과 탐구로서의 인문학은 도덕적·미학적 감수성을 길러주고, 정신세계에 대한 시야를 넓혀주며, 논리적 사유능력을 길러준다. 또한 세계와 인간에 관한 모든 문제를 반성적으로 바라보게 하며, 편견·관습·전통이라는 억압에서 우리를 해방시켜 자유의 길로 나아가게 만든다. 말하자면 인문학은 우리를 진정한 주체로 만들 수 있는 내재적 기능을 가지고 있는 것이다.

인문학의 기능은 고대 로마의 대표적인 인문학자 세네카의 인문학관에 함축된 인문학의 기능과 일치한다. 학제적 개념으로서의 인문학의 어원인 'Liberal Arts'라는 복합어를 구성한 '자유로운 liberal(free)'이라는 말은 로마 제국에서 노예와 대치하여 계급적 우위를 차지했던 '자유인 freeman'을 지칭하는 정치·사회적 개념으로 사용되기도 했으며, 때로는 특정 계급의 자녀들을 자유인으로 편입시키기 위한 교육 과목을 지칭하기도 했다. 또한 세네카의 교육 이념에 따라 계급을 초월하여 인간으로서 정신적으로 '자유롭게'되는 데 필요한 과목을 지칭하기도 했다. 인문학의 내재적 기능을 세네카식으로 규정한다고 해서 사회과학이나 자연과학은 그러한 기능을 전혀 할 수 없다는 말은 아니다. 모든 종류의 지식은 간접적으로 그러한 기능을 할 수 있다.

여러 차원에서의 학제적 구별은 엄밀한 것이 아니라 인위적인 요소가 많아 그것들 간의 경계를 정확하게 할 수는 없고, 다만 편의에 의해 정해진다. 인문학 계열에 속하는 여러 가지 과목들 간의 관계도 마찬가지다. 전통적으로 인문학을 대표하는 문학, 역사, 철학은 물론 종교, 인류학, 문화학, 언어학 등의 관계도 마찬가지이다. 모든 과목은 각기 상대적으로 두드러진 특정한 성격을 갖고 있으며 따라서 특정한 기능을 가진다. 이런 점을 전제로 전통적으로 인문학을 대표하는 문학, 역사, 철학을 차례로 예를 들어 위에서 규정한 인문학의 내재적 기능을 뒷받침할 수 있다.

각각의 문학작품은 작가의 관점에서 보면, 개인적 차원이나 사회적 맥락 안에서 늘 부딪히게 되는 도덕적 갈등, 아름다움과 진실에 대한 갈망, 혼란스러운 경험세계에 질서를 부여하여 삶의 의미를 찾고자 하는 욕망의 상상적 표현이다. 독자의 관점에서 보면, 인간으로서의 자신의 모습을 세련된 언어로 신선한 각도에서 비추어보는 상상적 거울이다. 이 거울을 통해서 우리는 다양한 삶의 모습을 접하고 그것들을 관찰하고, 그것을 표현하는 기술을 배우며, 우리 자신을 반성하고 성찰함으로써 편견과 관습에서 해방되어 보다 나은 삶을 모색하는 기회를 갖게 된다. 이런 점에서 문학작품은 작가와 독자 모두에게 인간으로서의 삶의 기쁨과 고민을 다시 경험하고, 시야를 넓히며, 자유를 찾고, 삶의 의미를 체험할 수 있는 상상적 언어의 공간이다.

역사는 인간이 거쳐온 혼돈스러운 경험들에 대한 기억을 정리하고 체계화하여 우리로 하여금 한 집단 혹은 한 생물학적 종으로서의 인간됨을 일깨워준다. 역사는 공간적 축에서는 개인으로서의 삶의 의미를 한 사회의 맥락에서 찾게 해주고, 한 사회의 존재를 문명의 맥락에서 의미 부여를 해주며, 시간적 축에서는 현재를 과거와 연결하고 또한 미래에 투사함으로써 그 의미의 틀을 마련해준다. 문학작품이 실존적 차원에서의 인간의 삶의 표현이자 거울이라면, 기록된 역사는 집단적 차원에서 본 인간의 삶의 기록이며 거울이다.

　인간이 사유의 동물이고 사유가 이성을 전제로 하는 것이라면, 가장 수준 높은 이성의 산물로서의 철학적 사유는 인간 사유의 정수이다. 철학은 지금까지의 인간의 모든 경험과 사유, 신념들과 아울러 상상해낼 수 있는 앞으로의 모든 가능한 경험, 사유, 신념들에 대한 총체적이면서도 투명하고 근본적이면서도 세밀한 관찰, 비판적 반성, 철저한 논리적 분석, 정연한 체계화를 도모한다. 이런 점에서 철학은 소극적으로는 가장 철저한 비판적 성찰의 표현이고, 적극적으로는 가장 건설적인 지적 욕구의 산물이다. 이러한 철학적 사유를 통해서 우리는 사유하는 방법을 배우고, 가장 정돈된 세계와 인간상에 가까워지며, 사유의 혼돈과 세계의 혼돈에서 해방되어 보다 더 자유롭게 사유하고, 보다 더 정돈된 세계와 보다 더 바람직한 삶을 재구성할 수 있는 가능성을 가지게 된다.

3장 | 인문학의 방법론

 갈릴레이에서 아인슈타인을 거쳐 오늘에 이르기까지 자연과학이 성취한 눈부신 발전을 모르는 사람은 없을 것이다. 그러나 사회과학과 인문학에 관해서도 같은 맥락으로 말할 수는 없다. 분석철학자 비트겐슈타인의 철학이 플라톤의 철학보다 발전한 것이라거나, 프랑스 고전주의 작가 라신에 대한 롤랑 바르트의 해석이 근대의 문예비평가인 샤를 생트뵈브의 것보다 진보했다고 쉽게 결론 내릴 수 없기 때문이다. 따라서 자연과학은 시간이 지날수록 앎의 모델로 그 위치를 더욱 굳혀가게 되었다.
 자연과학의 이러한 성공과 권위는 제시된 명제들의 객관성에서 찾아볼 수 있으며, 그럼으로써 자연현상을 더욱 정확하게 설명해주는 데 있다. 이는 객관성을 지닌 명제들이 엄격한 방법론에 의해 세워졌기 때문이다. 결국 자연과학의 성공과 발전은 그 방법론 덕분인 것이다. 이는 논리실증주의의 대표적인 철학자 헴펠에 의해서 이른바 포괄법칙 모델covering law model로 객관적이고 논리적인 형식을 갖추게 되었다. 하나의 과학적 명제가 그것과 관련된 개별현상을 설명해주는 논리적 구조를 밝혀주고, 동시에 그 과학적 명제는 하나의 인식으로 성립되는 논리적 절차를 보여준다.
 모든 앎, 넓은 의미에서의 과학이 각기 그 대상에 대한 객관성 있는 명제를 찾아내는 것임을 전제한다면, 그리고 객관적 명제를 추출하는 방법이 자연과학에서 발견된 것임을 인정한다면, 사회과학과 인문학도 자연과학의 방법을 도입함으로써 가능할 뿐 아니라 발전할 수 있게 될 것이다. 그러나 문제는 이처럼 간단하지 않다. 인문학의 방법론을 구태여 묻게 된다는 사실은 자연과학의 방법이 그것이 아닌 다른 과학에 쉽사리 적용될 수 없다거나 혹은 논리적으로 불가능함을 암시한다. 한편으로 인문학이 자연과학과 같은 발전을 하고 진정한 의미에서 과학으로 성립되려면 하나의 방법이 있어야 할 것이다.

그러나 다른 한편으로 자연과학에서 사용되고 있는 방법론은 인문학에서는 적당하지 않다. 이러한 난처한 상황에서 인문학이 직면하는 과제는 자연과학에서와는 다른 방법으로 명제의 객관성을 보장해주는 방법을 모색하는 것이다. 문제는 과연 자연과학에서와는 다른 학문적 방식이 있는지, 있다면 그것은 무엇인가를 밝혀내는 데 있다. 그러나 이러한 물음에 답하기 전 인문학의 대상이 무엇인지 먼저 밝혀둘 필요가 있다.

1
인문학의 대상

철학·문학·역사·예술을 인문학으로 묶는 것은 고전적 분류방법이다. 인문학의 대상은 물리적 차원에서 보는 자연현상이 아니다. 플라톤이나 데카르트의 저서를 연구하거나, 자유의 본질을 연구하거나, "5+7=12"라는 명제가 필연적인가를 따지는 것이 철학의 기능이라면, 철학의 대상은 시공 속에서만 생각할 수 있는 물리현상이 아니라 플라톤과 데카르트의 사유 내용, 자유의 개념, "5+7=12"의 논리성이 된다. 마찬가지로 창작활동으로서의 문학이 아니라 학문으로서의 문학의 대상이 문학작품이라면, 그것이 어떤 물리적 차원을 가지고 있음을 부정할 수 없으나 문학작품을 구성하는 언어는 물리현상을 말하는 것이 아니라 그것이 갖고 있다고 전제되는 의미를 지칭한다.

  사고, 논리, 개념은 언어 자체는 아니지만 언어를 떠나서 생각할 수 없는 것들이고, 이러한 것들이 언어 차원에서만 다뤄지는 한 철학의 대상도 문학에서와 마찬가지로 결국 언어적인 것, 즉 자연현상이 아니라 하나의 의미적인 것이 된다. 인문학에 속한 역사학이 근래에 사회과학에 소속되는 경향도 이렇게 분류되는 인문학 대상의 성격에 비추어 설명된다. 역사학의 대상인 역사적 현상을 자연현상으로 보느냐 언어현상으로 보느냐에 따라서 역사학이 인문학에 속하느냐 아니냐가 결정될 것이다. 역사학을 두고 새삼 분류의 문제가 제기되는 까닭은 역사적 현상에 대한 해석에 상반되는 관점이 존재함을 반증한다. 자연과학의 대상이 될 수 있는 예술작품이 전통적으로 인문학에 소속된 까닭은 예술작품이 자연적 혹은 도구적인 것에 그치지 않고 의미를 전달하는 기호, 일종의 언어로 보였기 때문이다. 여기서 문제는 역사학과 예술이 인문학에 속하느냐 아니냐를 따지는 데 있지 않다. 우리의 문제는 인문학의 대상으로 간주된 어떤 앎의 대상이 무엇인가를 나타내려는 데 있다.

인문학의 대상이 언어적·의미적인 것이라고 하지만, 모든 언어적·의미적인 것이 인문학의 대상은 아니다. 수학과 논리학은 자연현상이 아니라 개념적·의미적인 것을 대상으로 삼는다. 그러나 이러한 학문을 인문학에 포함시키기란 쉽지 않다. 어떤 면에서는 자연과학을 연상시키는 엄정한 과학에 속할 수 있다. 언어학이 인문학에 속하느냐 아니냐도 쉽게 답하기 어려운 문제다. 언어를 다룬다는 점에서 언어학은 인문학에 속하는 것으로 보이지만, 물리적 근거에서 출발하는 음성학, 논리적 관계에 초점을 맞춘 구문론, 역사적 관점에 있는 어원학 등은 오히려 자연과학 혹은 사회과학에 속할 것이다. 이런 점에서 학문을 크게 인문학, 사회학, 자연과학으로 분류하지만 이러한 분류는 매우 인위적이며, 만족스러운 분류가 아니다. 이 세 가지로 분류될 수 없는 학문들이 많기 때문이다. 따라서 학문이 전통적인 세 가지 분야와는 완전히 다른 방식으로 분류될 가능성도 있어 보인다.

이러한 근본적인 문제가 있지만 전통 방식의 학문 분류의 타당성을 따지려는 것이 목적이 아니므로, 전통적인 분류에 따른 인문학 대상의 성격을 찾고자 한다. 가장 전형적인 인문학인 철학과 문학의 특성을 살펴보면 그 대상이 자연현상이 아니라 의미를 전달하는 언어적인 대상이라는 결론에 이르게 되었다.

그렇다면 인문학이 자연과학과는 다른 종류의 방법론을 가질 수 있을까? 어떤 방법론으로 인문학이 발전할 수 있을까? 이러한 물음에 답하기 전에 우리는 인문학이 언어적 대상에서 찾고자 하는 앎이란 어떤 성질의 것인가를 먼저 밝혀야 할 것이다. 우리는 자연히 인문학의 성격, 즉 앎의 내용 문제로 옮겨가게 된다.

2
인문학의 내용

인문학의 앎은 어떤 종류의 것인가? 인문학의 역할은 무엇인가? 이러한 물음은 인문학의 내용에 관한 것이다. 앞서 보았듯이 전통적으로 인문학에 속한다고 생각되었던 역사학과 예술의 소속은 분명치 않다. 인문학의 내용은 그것의 패러다임 케이스가 되는 철학이나 문학의 내용을 검토함으로써 밝혀질 수 있을 것이다.

먼저 문학을 보자. 여기서 문학은 창작활동이 아니라 주어진 작품을 연구하는 작업을 가리킴은 두말할 필요도 없다. 이런 의미에서의 문학은 작품이란 대상을 갖고 여러 가지 일을 할 수 있다. 한 작품에서 심리적·사회적·사상적 관계를 밝혀볼 수도 있고, 작품의 정치적·사회적·윤리적 효과나 영향을 검토할 수 있다. 또한 상품으로서의 소비현상도 찾아낼 수 있다. 이는 문학작품 자체에 초점을 맞추지 않고 작품과 작품의 외적인 현상과의 관계를 밝히는 것이다. 이러한 점에서 문학은 일종의 심리학적·사회학적·경제학적·사상사적 학문이 되는 것이다. 이 경우 문학작품이 연구대상으로 들어 있기 때문에만 문학연구라고 할 수 있는 것이지, 성격이나 내용에 있어서 문학적이라고 말할 수 없다.

다행히 문학에는 다른 학문으로 규정할 수 없는 특수한 영역이 있다. 그것은 문학작품에 대한 해석이다. 이렇게 문학작품에 대한 연구의 차원이 있을 뿐만 아니라 이러한 작업에는 적어도 문학심리학, 문학사회학, 문학

사상사 등이 전제되어 있다. 작품에 대한 평가의 문제가 해석의 문제와 나란히 문학의 특수한 영역을 형성한다고 볼 수 있겠지만, 사실상 문학작품의 평가는 해석을 전제로 할 뿐만 아니라 심리학·사회학·경제학과 밀접한 관계가 있으며, 더 나아가서는 그러한 학문들에 흡수될 수도 있다. 평가의 문제는 인간의 욕망과 사회적·경제적 중요성 등과 불가분의 관계를 갖고 있기 때문이다. 이와는 달리 작품 해석은 작품을 다른 학문의 관점을 전제한 채 연구하더라도 다른 학문에 흡수되거나 환원될 수 없다.

텍스트의 해석이 문학연구의 핵심을 이루어온 것은 사실이지만, 그러한 연구가 문학의 전부는 아니다. 러시아의 형식주의자들, 그리고 특히 구조주의자 츠베탕 토도로프에 의해서 이른바 '문학과학'이 제시되었다. 문학과학은 문학사회학이나 문학심리학과는 다르다. 이러한 것들은 사실상 문학을 통한 사회학이나 심리학에 불과하며 그 자체로 문학에 관한 과학적 설명은 되지 못한다. 토도로프가 주장한 문학과학은 자연과학자들이나 사회과학자들이 자연 혹은 사회현상의 법칙을 찾아내어 그것에 따라 개별적이며 구체적 현상을 설명하는 것과 유사하게, 문학작품을 문학이게 하는 규범을 추출하는 데 있었다.

이리하여 문학과학은 "한 언어의 뭉치에서 문학이게 하는 것은 언어의 어떤 속성소屬性素property에서 찾아낼 수 있을까?"를 묻고, 나아가 "문학작품들 중에서 어떤 것을 시이게 하거나 소설이게 하는 속성소는 무엇인가?"를 질문한다. 분명히 이와 같은 문학연구는 작품의 의미 해석으로서의 문학연구와는 판이하게 다르며, 어떤 면에서는 오히려 자연과학자와 사회과학자들의 작업과 유사하다. 물리학자와 사회학자가 각기 그들의 연구대상인 자연현상이나 사회현상의 법칙을 추구하는 것과 마찬가지로 문학연구가는 문학현상의 법칙을 발굴해내려고 하기 때문이다. 이와 같이 문학은 자연과학이나 사회과학과는 달리 추구하는 내용이 단일하지 않고 다양하다. 인문학의 문제는 다른 과학과는 달리 훨씬 복잡성을 띠며 따라서 목적을 달성하는 방법론에 있어서도 복잡한 문제를 가져온다. 인문학의 이러한 문제는 문학과 나란히 인문학의 패러다임이라 할 수 있는 철학의 내용을 검토할 때 더욱 부각된다.

문학과 나란히 인문학의 전형적인 분야로 취급되는 철학은 그 내용에 있어서 문학이 추구하는 바와 같다고 생각하기 쉬우나 추구하는 내용은 매우 상이하다. 철학은 그것의 구체적인 대상이 없다. 자연과학의 대상인 자연현상은 철학의 대상이 아닐 뿐 아니라 문학의 대상인 문학작품에 해당하는 대상을 철학에서는 찾아볼 수 없다. 물론 철학자가 쓴 언어의 묶음, 즉 철학책이 있어 그것을 연구의 대상으로 삼을 수는 있다. 노자의 『도덕경 道德經』, 데카르트의 『방법서설 Discours de la Méthode』(1637), 칸트의 『순수이성비판 Kritik der reinen Vernunft』(1781)은 문학에서 단테의 『신곡 La Divina Commedia』, T.S. 엘리엇의 『황무지 The Waste Land』(1922)와 같은 종류의 철학적 연구의 대상이 된다고 볼 수 있다. 이런 점에서는 철학과 문학의 작업에는 차이가 없어 보이지만, 좀 더 고찰하면 『도덕경』이나 『순수이성비판』을 공부한다는 것은 엄밀한 의미에서 철학하는 것이 아니다. 그것은 철학사를 배우는 일에 지나지 않는다. 과거의 철학자들이 무슨 주장을 했는지 알아내는 역사적 지식이 무의미한 것은 아니지만, 그러한 것을 아는 것과 철학하는 일과 꼭 일치하는 것은 아니다.

철학은 기억이나 고증이 아니고, 어떤 문제를 밝혀내는 작업 자체이기 때문이다. 과거의 철학자들이 쓴 책들은 그들의 철학적 활동의 물질적 결과물에 지나지 않고, 우리에게 그러한 책들을 배울 필요가 있다면, 그들이 제기한 문제와 그 해결책들이 우리가 직면한 문제를 해결하는 데 도움이 되는 한에서, 즉 우리의 철학 활동에 활력소가 되는 한에서이다. 철학자는 "앎이란 무엇일까?", "마음과 몸의 관계는 어떻게 설명될 수 있을까?", "선과 악은 어떻게 판단될 수 있을까?", "의미의 의미는 무엇인가?", "철학은 무엇인가?" 등등의 물음을 던진다. 이러한 물음은 자연과학자와 사회과학자의 물음과는 그 성격이 전혀 다르다. 과학자들이 선善이라 부르는 현상現象, 마음이나 몸이라 부르는 현상에 초점을 두고 그러한 현상을 설명하려는 데 반해서 철학자들은 현상으로서의 선, 마음이나 몸을 알려고 하지 않으며 '선'이란 말의 개념概念, '마음'이란 말의 개념을 밝히고자 한다. 그렇기 때문에 철학적 문제는 언어적 문제가 되는 것이다. 이런 점에서 철학은 문학과 매우 가까우며 일치하기도 하는 것이다.

그럼에도 불구하고 철학과 언어와의 관계는 문학과 언어와의 관계와는 다르다. 문학과 철학이 모두 '선'이란 말의 개념을 밝히려고 할 때 문학은 주어진 작품 안에서 특정 낱말이 갖고 있는 의미를 밝히고자 하지만, 철학은 일반적 개념을 밝히고자 한다. 문학은 고정된 언어의 뭉치라는 대상을 갖고 있지만, 철학은 고정된 언어 뭉치의 대상이 없다. 엄밀히 말하면 낱말에 경중은 있지만 모든 낱말이 철학의 대상일 수 있다. 이는 곧 철학에는 특정한 대상이 없다는 것과 마찬가지이다.

전형적인 인문학의 예로서 철학과 문학을 보더라도, 위와 같은 사실은 자연과학은 물론 사회과학과도 다르게 인문학이 단순하지 않고 다양하다는 것을 나타낸다. 인문학과 그 밖의 학문과의 차이는 단순히 다루는 대상만이 다른 것이 아니라 목적 또한 다르다. 자연과학과 사회과학에서는 다루는 대상이 다르더라도 학문의 목적은 모두 그 대상을 지배한다고 전제하는 법칙을 발견하는 데 있다. 이와 달리 철학과 문학은 그러한 법칙을 발견하는 것을 목적으로 하지 않으며, 서로 공통된 목적도 갖지 않는다. 그리고 문학이 하고자 하는 것은 철학이 하고자 하는 것과 극히 다르다.

이러한 사실은 인문학의 개념이 자연과학이나 사회과학의 개념과는 달리 극히 인위적이며 때로는 무리한 분류적 개념이라는 의심이 들 정도이다. 자연과학과 사회과학은 대상에 의해서 그 구분의 정당성이 보장되지만, 인문학은 일정하고 통일된 대상을 가지지 않는다. 여기서 우리는 인문학의 방법론에 관한 문제가 각별히 제기되는 이유를 알 수 있다. 사회과학의 방법론이 자연과학의 방법론과 같은가 아닌가 하는 문제를 감안해서 사회과학의 문제를 제외하고 고찰한다면, 자연과학에는 앎의 객관성을 보증하는 방법론이 있다. 그것은 다름 아닌 헴펠의 포괄법칙 모델이다. 인문학 방법론의 문제는 인문학이 자연과학의 방법을 도입할 수 없다면, 과연 그것과는 다른 방법이 무엇인지를 알아내는 일이며, 그렇지 않다면 인문학에는 방법론이란 없다고 결론지어야 하는 것인가 생각해봐야 한다.

3
인문학의 방법론

모든 학문에서는 방법론의 문제가 거론되는 것이 보통이다. 과학이 과학이게 하는 것은 그것에 특수한 방법론이 있기 때문이라고 말한다. 그리고 과학의 방법론은 헴펠의 포괄법칙 모델로 형식화되는데, 가설연역법假說演繹法이라고도 한다. 사회과학에서는 고유의 방법이 있다고 생각되어 현대 사회학의 시조로 손색이 없는 프랑스의 사회학자 뒤르켐은 『사회학 방법론의 규칙 Les Règles de la methode sociologique』(1895)을 써서 사회학의 기초를 마련하려 했고, 프랑스의 구조주의 인류학자 레비스트로스는 저서 『토테미즘 Totemism』(1969)에서 몇 가지 방법을 제시했다.

이러한 방법론은 비단 자연과학과 사회과학에서만 논의되었던 것이 아니고 인문학에서는 훨씬 이전에 언급되었다. 데카르트의 가장 중요한 저서가 『방법서설』임을 우리는 알고 있다. 데카르트의 방법론이 철학에 관한 것임은 두말할 나위가 없다. 그렇다면 데카르트의 방법론이 인문학의 방법론이 될 수 있을까? 그렇지 않다면 가설연역적 방법론이 모든 자연과학에 보편적인 방법론인 것과 같이, 철학에서도 보편적 방법론으로 적용될 수 있을까? 이러한 물음에 답하기 전에 방법이란 개념을 밝혀둘 필요가 있다.

    방법이란 개념은 목적과 떼어놓고 생각할 수 없다. 방법은 목적을 달성하기 위한 수단이다. 따라서 목적이 결정되지 않으면 방법론은 고려될 수 없다. 일반적인 의미에서 방법이라는 개념은 요령이라는 개념과 일치한다. 돈 버는 방법은 돈 버는 요령을 말하며, 시험을 잘 보는 방법이란 시험에서 높은 점수를 따는 요령이다. 이런 의미에서의 방법은 일정한 것이 될 수 없다. 능력에 따라서, 사정에 따라서 동일한 목적이 여러 가지의 요령에 의해 달성될 수 있기 때문이다. 따라서 방법 일반을 따지는 것은 무의미하다.

이와 달리 과학, 더 나아가서 학문 일반을 두고 그 방법을 논할 때, 방법이란 개념은 정당성을 보장해주는 절차를 말한다. 모든 학문의 목적은 그 대상에 대해 진리일 수 있는 명제를 찾아내는 데 있다. 여기서 방법론을 인식론과 관련시켜 생각해보면 보다 잘 이해될 것이다. 인식론의 핵심적인 문제는 어떤 경우에 하나의 명제가 앎 또는 지식일 수 있느냐를 밝히는 데 있다. 다음과 같은 세 가지 조건을 갖추었을 때 앎이 성립된다는 것이 종래의 입장이다.

(가) A라는 사람이 하나의 명제 P를 믿어야 하고,
(나) P는 참이어야 하며,
(다) A는 P를 믿는 이유를 말할 수 있어야 한다.

인식의 문제를 이와 같이 살펴볼 때 학문을 둘러싼 방법의 문제는 앎으로서의 한 명제를 성립하는 데 있어서 (가)의 조건에 지나지 않는다. 다시 말하면 방법은 어떤 명제의 타당성을 뒷받침하는 절차가 된다. 물론 이러한 절차는 객관성을 지녀야만 한다. 그렇게 함으로써 하나의 명제가 보편성을 갖게 되고 따라서 한 개인의 느낌이 아니라 앎으로 승격될 수 있기 때문이다. 이른바 가설연역적 설명방법이 자연과학의 방법론으로 불리는 까닭은 그러한 절차가 자연현상에 대한 어떤 명제의 객관적 근거를 보여주고, 그 명제에 정당성을 제공해주기 때문이다.

뒤르켕이나 레비스트로스가 그들의 학문에 대한 방법론을 제시했을 때 그들의 방법론이 자연과학의 방법론처럼 보편적으로 납득될 수 있느냐 없느냐의 문제를 제기하지 않더라도 적어도 그들 자신들의 입장에서는 그들이 제시한 방법론에 의해서 사회학이나 인류학의 명제가 타당성을 얻게 된다고 전제하고 있는 것이다. 마찬가지로 데카르트의 방법론도 모든 앎이 정당한 것으로 보이게 하는 절차에 지나지 않는다. 데카르트는 적어도 자신이 제시한 방법에 의해 의심될 수 없이 정당화되고, 절대적으로 참인 명제를 찾아낼 수 있다고 생각했다. 이런 점에서 방법론은 인식론에서 빼놓을 수 없는 한 부분으로 해석된다. 그러므로 인식론과 방법론이 종종 혼동되거나 동일한 의미로 사용되는 것은 우연이 아니다. 이런 의미로서의 방법론이 인문학에서도 성립될까? 자연과학의 방법론과 대조되는 인문학 일반의 공통된 방법론이란 있는 것일까? 만약 그러한 공통된 방법론이 존재하지 않는다면 개별적 인문학, 말하자면 철학과 문학의 방법론이 따로 존재할 수 있을까? 존재한다면 그러한 방법론은 무엇일까?

인문학의 패러다임 케이스가 되는 문학과 철학에서의 주장이 단순한 개인의 감정이나 심상의 표현을 넘어 앎과 진리에 대한 탐구라면, 반드시 자체의 타당성을 제공할 것이고 반드시 방법론을 가지고 있을 것이다. 물론 이러한 주장은 문학자나 철학자가 자신들의 방법론을 명백히 제시했다거나 그러한 방법론을 적어도 명확히 의식하고 있었다는 뜻은 아니다. 다만 무의식적이나마 타당성의 근거가 전제되었을 것이다.

    문학에서는 전통적 의미에서의 문예비평에 대한 이론들이, 철학에서는 철학관으로 나타나는 여러 주장들이 각각 문학과 철학에서의 방법론을 의미하는 데 불과하다고 생각된다. 문학 이론과 철학관은 결국 문학과 철학에 있어서의 방법론을 가리키는 개념에 지나지 않는다. 문학 이론들은 편의상 크게 발생학적 이론, 구조주의 이론, 해석학적 이론으로 나누어 고찰될 수 있으며, 철학관들은 크게 사변적 이론, 현상학적 이론, 분석철학적 이론으로 구별해서 고찰될 수 있다.

    문학에 있어서 발생학적 이론은 한 문학작품의 의미를 그 작품의 기원이라 말할 수 있는 작가의 의도, 심리 상태, 사회적·역사적 조건에서 찾으려는 관점이며, 구조주의 이론은 한 작품의 의미를 그것의 기원과는 관계없이 작품을 구성하는 언어의 차원에서만 찾아야 한다는 입장을 말한다. 해석학적 이론은 위의 두 가지 이론들을 절충해야 작품의 진정한 의미가 이해될 수 있다는 것이다. 철학에 있어서 사변철학관에 의하면 철학적 진리는 경험적인 것이 아니며, 그러한 것을 가능하게 해주고 설명해줄 수 있는 근본적인 존재의 구조를 찾아내는 데 있는 한 그러한 진리는 오로지 이성에 의한 사색을 토대로 해야만 한다는 것이다. 현상학적 철학관에 의하면 모든 명제는 우리 의식에 비침을 전제로 하기 때문에 그러한 의식에 비친 경험을 서술하고 그 의미를 포착함으로써만이 가능하다고 주장한다. 끝으로 분석철학관에 의하면 철학적 앎은 물리적·심리적 현상에 대한 것이 아니라 그러한 것들을 두고 말하는 언어의 개념을 명확하게 하는 작업이므로 그 언어에 사용된 주요 개념들을 분석하며 그것들 사이의 관계를 명시해주는 데 있다. 이런 의미에서 인문학에서는 자연과학에서 찾아볼 수 있는 누구나 인정할 수 있는 객관적 방법이 없음을 알 수 있다. 더욱 난처한 사정은 인문학에는 통일된 방법론이 없을 뿐만 아니라 인문학 안의 문학, 철학에서도 통일된 방법이 발견되지 않는다는 것이다.

  그렇다면 인문학에는, 문학과 철학에서는 왜 통일된 방법론이 발견되지 않는 것일까? 이는 인문학 일반은 물론 문학이나 철학이 찾아야 할 앎이 무엇인가에 대한 의견이 다른 데서 연유한다. 문학의 할 일이 무엇보다도 해석이라는 데 의견이 일치한다 하더라도 해석한다는 것이 무엇을 의미하느냐에 대한 의견이 여전히 구구하며, 철학이 과학과는 다르고 문학작품을 쓰는 행위와도 다르다는 데는 의견이 일치하더라도 철학적 앎이 구체적으로 무엇인가 하는 데 대해서는 아직도 보편적인 합의가 이루어지지 않고 있다. 그렇기 때문에 인문학 일반의 앎이 어떤 것인지, 더 좁게는 문학이 알고자 하는 것이 정확히 무엇인지, 그리고 철학적 앎이 무엇인지에 대한 의견이 일치되지 않는 한 인문학 일반에 대한 방법론은 물론 문학이나 철학의 방법론은 보편성을 가질 수 없다. 따라서 문학자들 사이에서 시비를 일으키는 여러 명제들이나 철학자들 사이에서 시비되는 철학적 명제들은 동문서답의 관계를 가질 뿐이다. 서로 다른 의견에 대한 옳고 그름을 가릴 수 있는 기준이 없기 때문이다. 좀 더 정확하게 말하면 의견의 차이는 사실상 의견의 차이가 아닌 것이다. 그들은 서로 완전히 다른 이야기를 하고 있는 것이다. 인문학이 지식의 성립에 대한 동일한 의견을 언젠가는 갖게 될까? 만약 동일한 의견을 마련하지 못한다면 인문학은 엄격한 의미에서 과학, 즉 의미 있는 앎이 될 수 없고, 잘해야 감상의 분야에 속할는지 모른다.

여기서 우리는 두 가지 결론을 생각할 수 있다. 첫째, 미래에 과학의 발달에 도움을 받아 인문학자와 철학자들이 그들의 목적에 대한 통일된 합의를 성립시키고, 그렇게 해서 통일된 방법론을 고안하며, 그러한 방법론에 기초하여 인문학을 과학으로 전환시키는 것을 기대하는 것이다. 둘째, 그러나 위와 같은 기대는 현실성이 없다. 왜냐하면 문학작품의 의미는 X가 아니고 Y, 혹은 Y가 아닌 Z라는 주장, 철학적 앎이 X가 아니고 Y, 혹은 Y가 아닌 Z라는 주장은 그 이상 따질 수 없는 형이상학적 투기投企, 즉 커미트먼트를 전제하기 때문이다. 따라서 인문학을 과학으로 전환시키는 것을 기대할 수 없다면 인문학은 영원히 과학이 될 수 없을 것이다. 인문학에서의 명제는 자연과학에서의 명제와는 달리 보편적인 객관성을 가질 수 없을 것이기 때문이다.

그렇다면 인문학의 주장들은 그것을 주장하는 사람의 태도와 감정을 드러내는 표현에 불과한 것일까? 그렇지 않다. 인문학에서의 주장은 옳고 그름을 떠나서 적어도 그것을 제시하는 학자의 극히 이성적·지적 작업의 결실이다. 여기서 우리는 모든 과학이 자연과학과 똑같은 성질이어야 하는가를 반문할 필요가 있다. 달리 말해서 하나의 인식대상은 오로지 자연과학적 방법에 의해서만, 혹은 단 한 가지 방법에 의해서 단 한 가지 설명이 있어야 하는가를 반성해볼 필요가 있다는 말이다. 데카르트와 후설, 논리실증주의자들이 생각했던 것과는 달리 절대적 지식, 자명한 앎은 비단 자연과학에서뿐만 아니라 논리적 명제에서도 성립될 수 없다는 것이 사실이라면, 인문학의 명제가 보편적인 객관성을 가지지 못한다고 해서 넓은 의미에서의 과학, 즉 학문이 아니라고 말할 근거는 없는 것이다. 우리는 적어도 당분간은 인문학에서의 다양한 방법론들을 인정하고, 그것들로 인한 앎의 상대성을 인정하는 데 인색해서는 안 될 것이며, 이러한 처지에 대해서 열등 의식을 가질 필요는 전혀 없다. 여러 방법론들 가운데서 타당성 있는 것이 언젠가는 나타날 수 있으며, 설사 그렇지 못하더라도 서로 다른 방법론으로 문학과 철학의 대상들을 다각적으로 조명할 수 있고, 필요에 따라 하나를 선택할 수도 있다.

오스트리아의 과학철학자 파이어아벤트는 자연과학에도 우리가 생각하는 바와 같은 방법이 없다고 하며 이른바 '반방법反方法'을 주장한다. 이처럼 극단적인 입장을 취하지 않더라도 인문학에서 단 하나의 고정된 보편적 방법론을 찾으려고 하는 것은 인문학의 고유한 성격을 제대로 이해하지 못한 데서 기인하는 것이라고 말할 수 있다. 인문학이 자연과학에서와 같은 방법론에 의해 성립된다면 인문학은 이미 자연과학에 흡수되는 것이며, 그것의 독자적 존재 이유를 상실하게 된다. 이와 같이 수단을 위해서 목적을 전도하지 않기 위해서는 통일과학 Unified Science의 꿈을 버리는 것이 보다 현실적인 길이 될 것이다.

4장 | 구조주의와 기호학

구조주의Structuralisme는 실존주의Existentialisme가 그러했듯 프랑스에서 다듬어지고 정리된 사상이다. 실존주의가 1940년대와 1950년대에 전 세계적를 지배한 사조였던 것처럼, 구조주의는 1960년대와 1970년대에 세계적으로 큰 영향을 미친 중요한 사조였다. 우리나라에서도 이미 소개되어 있지만, 그럼에도 불구하고 구조주의의 핵심이 무엇인지 이해하기 쉽지 않다. 그것은 무엇보다도 가장 피상적인 두 가지 이유 때문이다. 하나는 구조주의가 흔히 실존주의와 비교되고 대립되기 때문이고, 다른 하나는 구조주의가 흔히 기호학Sémiologie과 혼동되기 때문이다. 그러므로 구조주의를 정확하게 이해하려면, 그 내용 자체를 검토하기에 앞서 첫째로 구조주의의 개념과 실존주의 개념과의 관계, 둘째로는 구조주의와 기호학 개념과의 관계를 밝혀야 한다.

첫째, 실존주의가 철학적 사조를 가리키는 개념인 데 반해 구조주의는 방법론을 지칭하는 개념이라는 것을 명백히 밝혀둘 필요가 있다. 실존주의는 근본적으로 인간에 관한 존재론이다. 그것은 인간의 존재론적 궁극적 구조, 그러한 인간과 자연과의 관계, 인간과 인간 사이의 관계에 관한 철학적 주장이다. 이와 반대로 구조주의는 과학적 지식, 더 정확하게 말해서 인문사회현상에 관한 과학적 지식에 도달하는 방법론에 관한 이론이다. 바꿔 말해서 구조주의는 인문사회현상에 관한 과학적 지식에 도달할 수 있는 새로운 방법을 제시한다.

둘째, 구조주의와 기호학은 동일한 내용에 적용되는 개념이 될 수도 있지만, 엄밀히 말해서 그것들은 동일하지 않은 의미를 띠고 있다. 구조주의가 인문사회과학의 '시점視點'의 특수한 성격을 가리키는 개념인 데 반해 기호학은 그러한 관점에서 이룩되는 인문학 '대상對象'의 특수한 성격을 나타내는 개념이다. 인문사회과학이 다루는 현상을 자연현상과 구별하여 단순한 물리현상이 아닌 '기호記號'로 보고, 인문사회과학은 기계적 인과관계로서가 아니라 구조적 관계로서만 가능하다고 믿어질 때 구조주의와 기호학은 동일한 내용의 표리관계表裏關係를 나타낸다. 달리 말하면 이런 경우 구조주의는 기호학이 되고 기호학은 구조주의가 되는 것이다. 그렇다면 구조주의와 기호학은 무엇일까? 구조주의와 기호학의 과학적 대상이 되는 인문사회현상은 어떤 성질의 현상일까?

1
자연현상과 의미현상

구조주의와 기호학의 가장 근본적인 특색은 모든 현상을 크게 자연현상自然現象과 의미현상意味現象으로 구별하는 데 있다. 자연현상은 모든 순수한 물리적 현상을 가리키고 그리고 의미현상은 지향적 행동이나 그 행동의 결과를 가리킨다. 지향적 행동이란 무엇인가를 의도하며 목적을 갖는 행동을 말한다. 낙수·벼락·출혈·폭발 등은 그 자체로서는 아무 의미도 갖지 않는 자연현상의 기계적 인과관계 속에서 일어나는 물리현상이지만, 발언·손짓·미소·몸짓·탁구·음식·의복 등은 단순한 물리현상의 차원을 넘어 무엇인가의 의미를 내포하고 있는 의미현상이다. 물론 어떠한 인간도 자연현상의 차원을 완전히 벗어날 수 없지만, 모든 인간 행동은 결코 완전히 자연현상으로 환원될 수 없는 의미를 내포하고 있다. 이와 같은 의미현상은 구체적으로 결혼제도를 비롯한 모든 사회제도·습관·풍습·유희·문화 활동·문화제도 등으로 나타난다. 이러한 현상은 인문사회과학의 대상이 된다. 바꿔 말해서 인문사회과학의 대상은 의미현상이다. 자연현상이 자연과학의 대상이 되는 데 반해서 의미현상은 인문사회과학의 대상이 된다.

  구조주의의 독창성은 그것들이 우주 속에서 일어나는 모든 현상을 자연현상과 의미현상으로 구별하는 데에만 그치지 않는다. 구조주의가 하나의 새로운 사조의 성격을 띠게 되는 이유는, 자연현상을 연구하는 자연과학의 방법이 의미현상을 대상으로 하는 인문사회과학의 방법과 완전히 달라야 한다는 데에 있다. 언뜻 생각하기와는 달리 종래 인문사회과학의 방법은 자연과학의 방법과 명백히 구별되지 않았다. 모든 과학은 한 현상 E_1과 또 하나의 현상 E_2의 인과관계를 발견해내는 데 있다는 생각이 암암리에 전제되어 있었다. 모든 자연현상, 예를 들어 물이 어는 현상이 온도와 H_2O와의 인과관계로 설명됨은 자명하지만 의미현상, 예를 들어 하나의 역사적 사건도 하나의 사건과 또 하나의 사건, 혹은 하나의 결단과 또 하나의 사건과의 인과관계로서 설명되었다. 인문사회과학의 방법론으로서의 이른바 행태주의behaviorism는 자연과학과 인문사회과학의 방법론적 차이를 의식적으로 부정하고 나온 것에 불과하다. 사람의 의식 행동을 설명하는 불가시적不可視的 정신적 존재, 예를 들어 의도·의지·목적 등은 그 행동을 설명하는 데 불필요한 개념들이며, 오직 가시적可視的 행태로서 설명될 수 있다고 전제하는 것이다. 인문사회과학의 목적은 한 시점에 있어서의 한 개인 혹은 한 사회단체의 행태와 또 다른 하나의 시점에 있어서의 행태와의 인과관계, 혹은 한 개인 또는 한 사회단체의 행태와 그것들이 처해 있는 객관적인 여건과의 인과관계를 밝혀내는 데 있을 뿐임을 행태주의자들은 주장한다. 그러므로 행태주의에 의하면 자연과학과 사회과학은 그 목적에 있어서나 방법에 있어서 근본적으로 다를 바가 없고 그것들이 각기 연구의 대상으로 삼는 자연현상이나 의미현상은 구별될 필요가 없다는 것이다.

구조주의는 행태주의가 전제하는 위와 같은 주장을 억지라고 주장하며, 인문사회과학의 대상인 의미현상은 결코 자연현상으로 환원될 수 없으므로 그것의 목적과 방법도 달라져야 한다고 전제한다. 가령 하나의 사회제도나 하나의 미소는 순전히 물리학적으로만 설명되어질 수 없다. 그것들은 단순한 물리현상을 넘어서 무엇인가를 '의미'한다. 그러므로 의미현상을 대상으로 하는 인문사회과학은 자연현상을 대상으로 하는 자연과학과 그 목적이 같을 수 없다. 자연현상은 '발견'될 수 있지만, 의미현상은 '이해'되어야 한다.

바꿔 말해서 자연현상을 있는 그대로 알고 그것을 오로지 자연현상으로서 인과관계에 의해서 설명하고자 한다면 인문사회과학은 의미현상의 '의미'를 이해하는 데 있다. 이리하여 자연현상은 존재를 가리키는 개념이지만, 의미현상은 존재가 아니라 '의미'를 가리키는 개념이다. 존재가 의미와 근본적으로 구별됨은 자명하다. 하나의 책상과 그것의 의미 사이에는 뛰어넘을 수 없는 논리적 거리가 있다.

어떤 현상이 '의미'를 가질 때 그것은 그저 단순한 현상이 아니라 이미 기호가 된다. 바꿔 말해서 오직 기호만이 의미를 갖는다. 그러므로 인문사회과학의 대상은 결국 단순한 현상이 아니라 기호이다. 의미현상이란 다름 아니라 기호를 두고 말한다. 인문과학의 목적은 모든 종류의 기호의 의미를 이해하는 데 있다. 그러므로 인문사회과학은 결국 기호학이 되는 셈이다. 그렇다면 기호의 의미는 어떻게 이해될 수 있을까?

2
기호와 구조

사물 혹은 단순한 자연현상은 지각의 대상이나 기호 혹은 넓은 의미에서의 언어는 이해의 대상이 된다. 물론 모든 기호는 시각적·청각적·촉각적인 물질적 차원을 갖고 있게 마련이지만, 그와 같은 물질적 차원은 오로지 구실에 불과한 매개의 역할로 그치고 그 자체로서는 기호가 아니다. 그것들이 기호라고 간주될 때는 물질적 차원을 넘고, 물질적 이외의 무엇인가를 지적하는 개념을 내포하고 있다. 예를 들어 "복돌이가 공놀이를 한다"는 문장은 우리가 보거나 들을 수 있는 차원을 넘어서 그 이상의 의미를 갖고 있다. 순수한 지각의 대상으로서의 "복돌이가 공놀이를 한다"는 문장은 그냥 눈으로 보면 그것이 '무엇'인지, 즉 어떤 물질의 현상인지 알 수 있지만 기호로서의 그것들의 의미는 단순히 지각될 수 없다. "복돌이가 공놀이를 한다"는 문장은 한국어를 아는 한국인과 한국어를 전혀 모르는 외국인 모두에게 지각될 수 있는 현상이지만, 오직 한국인에게만 그 기호의 뜻은 이해된다. 이는 단순한 현상과 기호로서의 현상의 근본적 차이를 드러내 보이는 예가 될 것이다. 그렇다면 기호의 의미는 어떻게 이해되는가? 기호라는 개념은 무엇을 전제로 하는가? 오직 기호만이 '의미'를 갖고 있고 그 의미는 지각의 대상이 아니라 이해의 대상이라면 그 의미는 어떻게 이해되는가?

여기서 구조주의와 기호학의 관계가 드러나게 된다. 구조주의의 근본적인 독창성은 기호의 기능에 대한 새로운 발견을 한 데 있다. 구조주의는 기호에 대한 이론이 되는 것이다. 구조주의는 문자 그대로 모든 기호는 구조를 전제하고 있다는 이론이다. 바꿔 말하면 어떤 개별적 기호는 그것 자체로서 의미를 갖지 못한다. 즉 그 자체로서만은 엄밀한 뜻으로서의 기호가 될 수 없다. 개별적인 각각의 기호는 반드시 어떤 '구조' 내에서만 의미를 지니게 된다. 이렇게 구조와 기호는 뗄 수 없는 관계를 갖게 된다. 구조를 전제하지 않는 기호는 상상할 수 없으며, 기호를 전제하지 않는 구조는 이해되지 않는다. 여기서 우리는 비로소 구조주의와 기호학이 흔히 혼용되는 이유를 알게 된다.

구조와 기호와의 관계, 기호의 구조적 바탕이 밝혀진 것은 스위스의 언어학자인 소쉬르에 의해서였다. 소쉬르는 언어langage를 두 가지 상이한 차원인 구조적 차원인 랑그langue와 물질적 차원인 파롤parole로 구별한다. 가령 하나의 뜻을 갖고 있는 "하늘은 푸르다"라는 문장은 얼마든지 여러 사람에 의해 되풀이 될 수 있다. 이 말이 되풀이 될 경우 물질적 측면에서 볼 때는 서로 같을 수 없다. 우리는 이 말을 멋진 글씨로 쓸 수 있고, 악필로 쓸 수도 있으며, 펜으로 쓸 수도 있고, 인쇄물로 기록할 수도 있으며, 큰소리로 발언할 수도 있다. 그러면서도 그 모든 경우를 막론하고 그것들의 뜻은 전혀 다를 바 없이 동일한 것이다. 이처럼 언어는 언제나 동일할 수 없는 차원인 파롤과 늘 변하지 않는 차원인 랑그를 지니고 있다.

파롤은 구체적인 언어를 가리키고 랑그는 추상적 언어를 가리킨다고 볼 수 있다. 한 언어의 의미의 표현과 전달은 반드시 구체적인 언어, 즉 파롤에 의해 구체화되지만 그러한 구체적인 언어는 추상적인 언어, 즉 랑그를 전제함으로써 가능하고 이해된다. "하늘은 푸르다"라는 구체적인 발언, 즉 파롤은 어느 경우든 서로 다름에도 불구하고 그 모든 경우 다 같은 의미를 전달하는 이유는 그 모든 경우 물질적으로, 즉 구체적으로는 서로 다르지만 구조적으로는 동일하기 때문이다. 이러한 사실은 기호, 그것의 의미와 구조가 서로 뗄 수 없는 밀접한 내재적 관계를 맺고 있음을 보여준다. 더 정확히 말해서 기호, 그리고 그것의 의미는 어떤 구조 속에서만 의미를 갖는다.

여기서 구조structure의 개념을 좀 더 분명히 밝혀둘 필요가 있다. 구조는 어떤 형태, 형식, 질서를 가리키는데 그러한 구조는 크게 두 가지로 나누어 볼 수 있다. 하나는 사물이나 현상이 갖고 있는 자연적 구조이고, 또 하나는 사람이 만들어낸 어떤 체제 혹은 조직을 지칭하는 인위적 구조이다. 예를 들어, 모든 자연현상도 언뜻 보면 무질서해 보이지만 어떤 질서를 갖고 있다. 자연과학적 지식이란 다름 아니라 이미 이러한 사물 현상 속에 들어 있는 질서를 발견하는 데 있다. 과학적 법칙scientific law이란 바로 이런 것을 두고 하는 말에 지나지 않는다. 그러한 법칙들은 대체로 인과관계로 표시된다. 이와는 달리 하나의 자연언어, 예의, 갖가지 신호, 한 사회의 혈연관계 등은 반드시 어떤 질서를 전제한다. 제도란 바로 위와 같은 질서를 두고 말한다. 이러한 제도는 자연현상 속에 내재하는 과학적 법칙과는 달리 자연적인 것이 아니고 인위적이게 마련이다. 다시 말해서 그것들은 사람들이 만들어낸, 아니 사람들이 꾸며낸 '임의적arbitrary' 질서에 불과하다. 사물의 구조를 자연적인 것, 주어진 구조라고 한다면 임의적 구조는 의식의 구조, 더 정확히 말해서 의미의 구조라고 지칭한다.

좀 더 쉽게 이해하기 위해 어떤 영토와 그것을 나타내기 위한 지도를 생각해보자. 그 영토는 어떤 자연적 구조를 갖고 있다. 그러한 구조는 인위적으로 인간이 만든 것이 아니라 이미 주어진 것이다. 그러나 그러한 영토를 나타내기 위해서 여러 가지 '서로 다른' 지도를 만들 수 있다. 이러한 지도의 구조는 인위적인 것, 임의적인 성격을 갖게 된다.

사물의 질서를 나타내는 자연적 구조와 구별해서 의식의 질서를 나타내는 인위적 구조라는 말 대신 규약code이라는 말로 부를 때 그것들 간의 차이는 더 확실해진다. 바꿔 말해서 구조주의에서 말하는 구조는 규약을 의미한다. 규약이란 사람들 사이에 있어서 약속에 의해 만들어진 질서에 불과하다. "하늘은 푸르다"는 말이 "하늘은 푸르다"라는 의미를 갖게 되는 것은 "하늘은 푸르다"는 활자가 내재적으로 그런 의미를 갖고 있어서가 아니라 순전히 한국 사회에서 그런 활자가 그런 뜻을 갖기로 한 약속 때문이다. 이와 마찬가지로 푸른빛 신호등이 '지나가도 좋다'는 의미를 갖게 되고 또 미소가 어떤 호의를 뜻하는 것은 푸른빛 신호등이나 미소가 내재적으로 '지나가도 좋다'라든가 혹은 '나는 당신에게 호의를 갖고 있다'는 의미를 내포하고 있기 때문이 아니라 우리 사회에서 혹은 다른 사회에서 그러한 기호들이 그러한 의미를 뜻하는 것으로 약속되어 있기 때문이다. 그러므로 푸른빛 신호등이나 미소의 의미는 그런 것을 뒷받침하는 약속, 즉 사회적 규약을 알 때에만 이해가 된다. "하늘은 푸르다"는 말의 의미를 안다는 것은 그러한 말을 뒷받침하는 언어적 규약을 안다는 것이며, 그러한 규약을 안다는 것은 구체적으로 말해서 한국어의 문법을 안다는 말이다. 한 언어의 구조란 다름 아닌 문법에 지나지 않는다.

3
언어와 기호

의미를 표현하고 전달하는 매체medium의 성격에 따라 자연현상과 구별하여 의미현상으로 부르는 인문사회과학의 대상은 크게 문자언어文字言語verbal language와 기호記號sign로 구별할 수 있다. 이 두 개념들은 좁은 의미로 쓰일 때와 넓은 의미로 쓰일 때가 있는데 이와 같은 일반적 용도 때문에 그것들과의 관계가 흔히 혼동되기 쉽다. 좁은 뜻으로서의 언어는 한국어, 영어 등과 같은 자연언어自然言語natural language 또는 문학언어文學言語를 가리키고, 좁은 뜻으로서의 기호는 자연언어 이외의 모든 종류의 의미의 표현 혹은 전달의 매체를 가리킨다. 신호등·몸짓·예의범절 등이 그러한 예가 된다. 한편 전자를 대상으로 하는 학문을 언어학linguistics이라 부르고 후자를 대상으로 하는 학문을 좁은 뜻으로서의 기호학sémiologie/semiotics이라 부른다. 기호학의 개념은 이처럼 언어학과 구별되는 한편 의미론sémantique/semantics과도 구별되어야 한다.

의미를 표현하거나 전달하는 매개, 즉 좁은 뜻으로서의 기호는 대충 세 가지 차원에서 살펴볼 수 있는데, 그것들은 각기 구문론構文論syntaxtics, 의미론意味論semantics, 실용론實用論pragmatics이라 한다. 구문론은 한 의미를 표현하고 전달하는 진술의 구성요소들인 낱말이나 혹은 단순한 기호들 사이의 구조를 다루는 학문으로 언어 혹은 기호의 조직적 체계를 다룬다. 예를 들면 "하늘은 푸르다"는 진술에서 '하늘'·'은'·'푸르다'라는 단어들이 조직을 따르기만 하고 그 말이 무엇을 가리키는지, 또는 그 말이 옳은지 그른지는 불문에 부친다.

다시 말하면 구문론은 언어의 '의미'를 따지지 않는다. 이와 달리 의미론은 그렇게 구성된 한 언어가 뜻하는 것이 무엇이고 또 어떠한 관계를 갖고 있는지를 밝히는 학문이다. 한편 실용론은 그러한 언어와 그 언어를 사용하는 사람과의 관계를 밝히는 언어학의 분야가 된다. 구문론이 한 언어의 내재적 관계를 살피는 언어학의 한 차원이라면 의미론과 실용론은 각기 한 언어와 언어 아닌 사물 혹은 언어 사용자와의 외적 관계를 다루는 언어학의 일부가 된다.

　이처럼 한 언어와 그것이 가리키는 관계, 즉 의미론이 성립될 수 있는 것과 마찬가지로, 자연언어가 아닌 한 기호와 그것이 가리키는 사물과의 관계가 성립된다. 전자의 경우를 의미론이라 부르는 데 반해서 후자의 경우를 기호학이라 불러 구별한다. 따라서 기호학은 기호를 다루는 학문이라는 뜻과 그 기호와 그것이 가리키는 대상과의 관계를 가리키는 학문이라는 뜻도 된다. 전자의 뜻으로서의 기호학은 언어학과 대립되는 개념이지만 후자의 뜻으로서의 기호학은 의미학과 대립되는 개념이 될 것이다. 여기서 우리의 문제는 후자의 뜻으로서의 기호학을 밝히는 데 국한하기로 한다.

　이러한 뜻으로서의 기호학과 의미론과의 관계는 언어와 기호의 관계를 검토함으로써 보다 잘 드러나게 된다. 언어를 기호의 일부로 간주할 수 있으며, 반대로 기호를 언어의 일부로 간주할 수도 있다. 전자의 경우에 의미론은 기호학의 일부가 되지만 후자의 경우에 기호학은 의미론의 연장에 불과하게 된다. 소쉬르를 비롯하여 많은 언어학자와 기호학자들은 언어를 기호의 일부로 보고 있다. 언어는 어떤 기호보다도 확실한 구조와 규약을 가지고 있으며, 우리의 의사를 표현하고 전달하는 데 가장 중요한 매체임에는 틀림없지만, 우리는 자연언어 이외의 수많은 방법으로 우리의 의사를 표현하고 전달한다. 우리는 몸짓, 손짓, 식사 예절, 교육제도, 사회제도 등 거의 무제한의 수단으로 우리의 뜻을 표현하고 전달한다.

　그러나 나는 바르트와 같이 자연언어, 더 간단히 말해서 문자언어는 다른 기호들의 일부이기는커녕, 가장 근본적인, 아니 유일한 의미의 표현과 전달의 매체로 보며, 따라서 그 밖의 기호들은 오로지 언어라는 안경을 통했을 때에 비로소 의미를 표현하고 전달하는 매체로 승격될 수 있다. 바꿔 말해서 기호가 의미를 갖는다면 그것은 오로지 은유적인 뜻에서 그러하다. 따라서 언어는 기호에 대해서 필터와 같은 역할을 한다고 해야 할 것이다. 단적으로 말해서 언어는 모든 의미 전달 매체의 패러다임 paradigm이다.

이와 같이 기호를 언어에 환원시키는 데는 두 가지 이유가 있다. 첫째, 오로지 언어에서만 가장 확실한 의미의 질서, 즉 규약을 발견할 수 있기 때문이다. 둘째, 실제 경험을 숙고해볼 때 언어가 아닌 다른 기호, 예를 들면 푸른빛 신호등의 의미는 그 기호가 '푸른빛 신호등은 보행을 해도 된다'는 언어로 번역되었을 때에만 그 의미가 납득되기 때문이다.

의미론은 좁은 뜻으로서의 언어를 해독하고 그것이 지칭하는 대상을 밝혀내려는 데 있으며, 기호학은 기호학이라는 의미 전달의 매체, 즉 예절, 몸짓, 신호등과 같은 기호의 의미, 즉 그것이 지칭하는 어떤 대상을 찾아내려는 데 있다. 이른바 실존주의를 대치하는 새로운 사조인 구조주의가 비단 좁은 의미로서의 문학으로 된 언어만의 해독에 있지 않고 그 밖의 모든 기호의 해독을 목적으로 하는 만큼, 구조주의가 하나의 기호학이라 불리어지는 것은 당연하지만, 그러한 기호학은 은연중 의미론을 모델로 삼고 있는 것이며 의미론의 연장으로 봐야 할 것이다.

이와 같이 생각할 때 이른바 기호는 아직 번역을 필요로 하는 외국어가 그러하듯이 번역을 필요로 하는 일종의 언어라고 볼 수 있다. 이처럼 볼 때 문학언어와 기호와의 구별은 근본적으로 그 근거가 희박함을 드러내게 된다. 그렇게 때문에 우리들은 문학언어 아닌 모든 기호를 그저 언어라고 부를 수 있는 것이다. '몸짓언어', '색채언어', '예술언어' 또 일반적으로 '비문학언어非文學言語'라는 개념이 가능하게 되고 의미를 갖게 된다. 그러므로 구조주의에서 말하는 기호학은 넓은 의미에서의 의미론으로 봐야 한다.

4
기호의 해독

앞서 구조주의를 인문사회과학의 방법이라 말했다. 이러한 까닭은 인문사회과학의 모든 연구대상이 자연과학의 연구대상과 근본적으로 다르다는 것을 전제하고 있으며, 따라서 인문사회과학의 목적이 자연과학의 목적과 근본적으로 다르다고 전제하기 때문이다. 자연과학은 자연현상의 인과적 관계를 찾고자 하지만 인문사회과학은 인문사회현상의 '의미'를 찾으려 한다. 구조주의가 인문사회과학의 목적을 위와 같이 규정한다는 것은 인문사회과학의 연구대상을 모두 기호, 즉 넓은 뜻으로서의 언어로 보기 때문이다. 다시 말해 이러한 구조주의의 입장은 모든 의미현상, 즉 인문사회과학의 대상을 하나의 거대하고 복잡한 '책', 즉 텍스트로 취급한다. 그리하여 구조주의는 인문사회과학의 목적이 커다랗고 복잡한 텍스트를 해독하는 데 있다는 결론에 도달하여, 그러한 텍스트의 해독 방법을 제시하고자 한다.

여기서 구조주의가 철학 사상인 동시에 인문사회과학의 방법이 될 수도 있는 실존주의와 그 밖의 전통적인 심리적 혹은 역사적 인문사회과학의 방법과 맞서게 된다. 종래의 인문사회과학은 인문사회과학의 대상인 모든 인간적 현상을 한 인간 혹은 한 인간 집단의 실존적 결단이나 심리적 표현 혹은 역사적 인과로 설명하려 했다. 예를 들어 한 문학 작품의 의미를 그 작가의 실존적 선택, 정신분석학적 동기 혹은 사회적 · 지리적 여건 속에서 찾으려 했다. 이와 같은 작품의 설명방법은 다소 차이는 있지만 궁극적으로는 넓은 의미에서의 인과적 설명임은 자명하다.

그러나 구조주의는 이와 같은 방법이 텍스트를, 즉 기호 혹은 언어의 의미를 근본적으로 오해한 데서 생긴 것이라고 주장한다. 왜냐하면 한 텍스트의 의미는 결코 인과적으로 설명할 수 없기 때문이다. 예를 들어 "하늘은 푸르다"는 말의 의미는 한국어의 문법에 따라 결정될 수 있고 이해될 수 있을 뿐이다. 어떤 문장의 뜻을 안다는 것은 그러한 문장과 그 발언자와의 인과적 관계를 아는 데 있지 않고 그 문장을 가능케 한 문법을, 구체적으로 말해서 그 문장의 사회적으로 약속된 용도를 안다는 것이다. 한 문학언어를 배우고 그것을 사용할 줄 안다는 것은 바로 그 언어라는 문학기호를 한 사회 내에서 약속된 대로 사용하는 사용법을 습득하고 그것을 익히는 과정과 능력을 의미한다. "하늘은 푸르다"는 한국어의 한 문장, 그리고 한국어 일반의 약속된 용도를 알고 그것을 익히기는 쉽다. 왜냐하면 한글이라는 문학언어는 확실히 결정된 문법이란 규약, 즉 규칙을 갖고 있기 때문이다. 이러한 사실은 모든 문학언어에 보편적으로 해당된다. 한국어를 배우면 한국어로 쓰인 문장이나 책, 즉 텍스트의 의미는 쉽사리 그리고 어느 정도 정확히 이해되는 것과 마찬가지로 어떠한 외국어도 일단 그 언어의 문법을 배우면 쉽사리 이해된다. 바꿔 말해서 모든 문학언어는 그것들의 용도를 결정하고 규정하는 확실한 규약 혹은 규칙을 갖고 있다. 언어를 배운다는 것은 다름 아니라 그 언어의 규칙을 배운다는 것에 지나지 않는다.

그러나 구조주의는 언어학이 아니다. 구조주의는 그러한 언어의 규칙을 밝히고 배우는 데에 그치지 않고 그것들의 숨은 의미를 가려내자는 것이다. 가령 A라는 시 작품의 의미를 이해한다는 것은 그 작품의 문자 그대로의 의미를 알아내는 것이 아니라 그 속에 숨어 있는 의미를 가려내는 데 있다. 만약 시 작품의 의미가 문자 그대로의 의미로서 탕진된다면 시 비평, 시의 해석은 무의미하게 될 것이다. 하나의 시 작품을 이해한다는 것은 그러한 문학적 의미 외에 그런 의미의 밑바닥에 깔려 있는 언뜻 보이지 않는 의미를 밝혀내는 데 있다. 이와 같은 숨은 의미는 모두 한글로 씌어져 있으며 모두 한국어의 문법을 따르고 있으면서도 하나의 시 작품이 어떠한 특수한 형태로 X가 아닌 Y를 얘기하고 있는지를 밝힘으로써 가능하다. 이와 같은 문학언어로 된 하나의 문학작품의 구조주의적 해석은 영감에 찬 직관과 날카로운 분석적 두뇌를 필요로 하지만, 문학언어가 아닌 기호, 예를 들어 신호, 습관, 한 사회의 예법, 의복의 유행, 음식의 양식 등은 숨은 의미를 밝히려 할 때 더욱 어렵고 더욱 날카로운 분석력과 직관력을 필요로 한다.

앞서 말했듯이 구조주의의 입장에서 볼 때 그가 알고자 하는 연구대상인 인문사회현상들은 한결같이 의미를 표현하고 전달하는 기호이다. 인문사회과학의 목적은 그러한 기호의 의미를 해독하는 데 있다. 이러한 점에서 인문사회과학은 그것의 연구대상을 하나의 문장 혹은 텍스트로 대하는 것이다. 그러나 문제는 텍스트가 문학언어로 되지 않았다는 데 있고, 따라서 우리가 문학언어로 된 하나의 문학작품을 읽는 것과는 다르다.

문학언어로 된 문학작품은 확정되어 있는 문법을 배움으로써 가능하지만, 인문사회과학의 대상인 기호들로 이루어진 텍스트는 어떤 문법에 의해서 되어 있다고 생각되지만 그 문법에 대해서는 누구도 가르쳐줄 수 없다. 다시 말해서 그것들이 의미를 갖는 이상 그것들은 반드시 문법과 같은 규약 혹은 규칙을 갖고 있다고 전제되지만, 그 기호가 상용되는 규칙이 확실히 나타나 있지 않다. 따라서 구조주의 입장에서 볼 때 인문사회과학은 그것의 연구대상의 의미를 알기 위해서, 그 기호나 텍스트, 다시 말해서 그 인문사회현상을 이루고 사용하고 있는 사람들이 암암리에 무의식적으로 알고 있는 인문사회현상이라는 기호의 구조, 즉 문법을 밝혀내는 데 있다고 보게 되는 것이다.

이와 같은 구조주의적 인문사회과학의 기능은 다음과 같은 비유로 쉽게 이해될 수 있다. 장기를 배운 적이 없는 아이가 어른들이 두고 있는 장기를 본다고 하자. 아이가 보기에 어른들이 옮기는 말들이 무질서해 보이고 이해가 되지 않을 것이다. 그러나 아이는 말들의 움직임이 낙수落水나 동결凍結의 단순한 물리학적 현상이 아니라 어떤 의미를 전제하고 있다는 것을 안다. 아이는 물질적 현상으로서의 장기 놀이가 무엇인지를 알게 된다. 그러나 그냥 물질적 현상으로서의 장기 놀이를 봄으로써 아이가 장기 놀이의 의미를 이해했다고 말할 수 없다. 장기 놀이를 이해한다는 것은 그 놀이가 어떤 규약하에서 이루어지고 있는가를 아는 데 있다. 즉 장기 놀이는 어떤 규약, 즉 규칙을 전제로 하고 있는 것이다. 사실 흔히 있는 일이지만 어른들이 두고 있는 장기 놀이를 주의 깊게 보고 있는 아이가 똑똑하다면 그 아이는 얼마 후에 그 장기가 무엇인지를 알게 되고, 자기 자신도 장기를 둘 수 있게 될 것이다. 이처럼 아이가 장기 놀이를 알게 되었다는 것은 놀이의 규칙 아래 '차', '포', '마' 등이 움직이고 그러한 규칙 아래서 '차'가 '마'에 먹히고, '포'가 '마'를 잡는가를 알아내는 데 있다. 이러한 규약 또는 규칙은 누가 언제 장기를 두든지, 그 장기 말들을 어떤 물질로 만들든지에 상관없이 보편적이고 영원히 불변하는 보이지 않는 원칙이 된다. 이러한 원칙하에서 비로소 장기의 의미가 생기고 장기가 놀이로서 존재하게 되는 것이다.

인문사회과학의 연구대상은 구조주의적 입장에서 본 인문사회과학자에게는 마치 장기 놀이를 모르던 아이에게 있어서 어른들이 두는 장기 놀이와 같은 입장에 있다. 이러한 관계로 장기 놀이와 인문사회과학의 연구대상이 유사하다는 결론을 내릴 수 있다. 그러나 장기 놀이와 인문사회현상은 동일선상에 놓고 비유할 수는 없다. 왜냐하면 장기는 처음부터 배울 수 있는 놀이이다. 앞서 예로 든 아이는 자기 스스로 장기 놀이를 해독하는 지적 노고를 치르지 않고서도 어른들로부터 장기 두는 법을 배울 수 있다. 즉 이 세상에는 장기 놀이의 규칙을 아는 사람이 최소한 한 사람은 있음을 뜻한다. 장기를 두는 어른들은 무의식적으로 장기를 두는 것이 아니라 장기의 규칙을 이미 의식하고 있다.

이와는 달리 인문사회현상이라는 기호의 놀이, 즉 한 사회 안의 사람들이나 한 개인이 하는 기호의 놀이는 의식적 놀이가 아니라 무의식적 놀이이기 때문이다. 가령 한 사회의 음식에 대한 현상을 예로 들 때 그것은 단순한 생물학적인 욕구를 만족시키기 위한 수단임을 넘어서 그 사회의 기호·가치관·미적 기준 등을 의미하는 것이다. 가령 한국에서처럼 국과 밥을 동시에 먹을 생리적 필연성은 없다. 한국의 음식 먹는 법에 생리적 필연성이 없다는 사실은 다른 사회에서의 국과 밥의 관계가 한국에서의 그것과 전혀 다른 경우도 있다는 사실로 입증이 된다. 이러한 사실은 음식 먹는 순서나 요리법이 하나의 제도에 지나지 않음을 의미한다. 그것이 제도인 이상 그것은 반드시 어떤 인위적으로 만들어진 한 사회의 규약, 즉 규칙에 지배되고 있음을 의미한다. 그리고 그 제도의 의미는 지각의 물리적 대상이 아니라 이해의 대상으로서의 기호, 즉 넓은 의미로서의 언어라고 봐야 한다. 그러나 한국의 음식 먹는 법인 언어의 규칙, 즉 문법은 무엇인지를 명확히 알아 가르쳐줄 만한 사람은 아무도 없다. 그러면서도 한국인들은 한국이라는 문화적 환경 속에서 살아가는 동안에 무의식적으로 한국의 음식 먹는 법을 배워 알고 있다.

  그러나 이러한 앎이 언제나 무의식적인 앎에 머물러 있다는 사실을 강조할 필요가 있다. 한 사회 내에서의 모든 사람들이 무의식적으로 알고 있는 규약은 갖가지 사회현상, 예를 들어 혼인관계, 부자관계, 부부관계, 옷 입는 법, 집 짓는 법, 절하는 법 등에서 모두 찾아볼 수 있다. 모든 사회현상이 이처럼 무의식적으로 습득된 어떤 규칙에 의해서 결정되고 지배되어 있다는 것을 인정한다면, 그러한 현상들의 의미를 알기 위해서는 마치 아이가 장기의 규칙을 어른들의 어깨 너머로 배우듯 배워야 한다. 이러한 과정은 추리 과정이다. 이러한 추리 과정은 마치 처음 대하는 외국어의 규칙을 혼자서 알아내는 것과 같다. 한 외국어의 의미는 그것을 구성하는 낱말들 가운데에 무엇이 주어이며, 무엇이 동사이며, 무엇이 보어이며, 무엇이 형용사인가를 추리해냄으로써만 가능하다. 이와 마찬가지로 비문자기호非文字記號인 사회현상, 예를 들어 한국 음식의 의미를 알기 위해 그것을 뒷받침하는 규칙을 찾아내는 작업은 여러 가지 음식들의 차림 가운데서 일종의 '주어', '동사', '보어'들을 찾아냈을 때 한국 음식의 의미는 이해된다. 그러나 위와 같은 작업을 하려는 구조주의의 목적은 그렇게 단순하지 않다.

그런데 한 문장을 놓고 그것의 여러 가지 구성어사構成語詞를 결정하는 데 있어 그 결정은 확실할 수가 있다. 왜냐하면 한 문자언어의 구성어사를 결정하는 확실한 규칙, 즉 문법이 있기 때문이다. 그러나 이와는 달리 한국 음식법이란 의미를 갖는 기호를 놓고 볼 때 그것을 구성하는 각 기호의 '주어', '동사', '보어' 등을 결정하는 확실한 문법이 기존에 없기 때문에 문학언어의 의미를 알아내는 일과는 달리 비문자로 된 기호, 예를 들어 한국 음식법의 의미를 결정하는 일은 어렵게 된다. 왜냐하면 한국 음식법을 놓고 볼 때 그것을 A · B · C · D라는 구성단위로 결정할 수 있다 하더라도, 경우에 따라서는 A를 주어로 봐도 말이 되고, B를 주어로 봐도 말이 될 수 있기 때문이다.

이러한 문제를 인정하면서 구조주의는 결국 문자언어뿐만 아니라 모든 기호현상, 즉 모든 인문사회과학의 연구대상들을 일종의 외국어로 쓴 문장으로 전제하고 그것의 문법적 규칙을 추리해냄으로써 그것들의 언어적 의미를 밝혀내려는 것이다. 요약하면 구조주의는 하나하나의 인문사회현상을 문장, 그렇지 않으면 사이비 문장으로 보고 그 문장의 뜻을 알아내고자 한다. 바꿔 말해서 구조주의의 입장에서 볼 때 기호로 취급되는 인문사회현상을 언어로서, 더 정확히 말해서 문장으로서 해독하려는 것이다. 이렇게 해서 구조주의는 기호학의 방법이 된다.

5
구조의 보편성

구조주의는 인문사회현상의 연구방법인데, 그 방법은 기호를 해독하는 것이다. 그러한 해독은 한 기호의 숨은 규칙, 즉 의식되지 않은 채 적용된 규칙을 찾아내는 데 있다. 이렇게 해서 구조주의의 입장에서 볼 때 인문사회과학은 일종의 독서법이다. 마치 수많은 자연언어가 있었고, 또 현재에도 사용되고 있듯이 그리고 바둑·장기·트럼프·축구 등 헤아릴 수 없이 많은 놀이가 있듯이, 인문사회현상도 헤아릴 수 없이 많은 종류가 있다. 따라서 각기 다른 모든 인문사회현상이 각기 서로 다른 규칙을 갖고 있음은 당연하다. 서로 다른 규칙의 차이가 하나의 인문사회현상을 다른 인문사회현상과 구별하는 기준이 되는 것이다. 한국어의 문법과 영어의 문법이 같을 수 없고 축구의 규칙과 장기의 규칙은 같을 수 없다. 또한 정치의 규칙과 경제의 규칙이 동일할 수가 없음은 자명하다. 같은 시인이 쓴 작품이라도 하나의 시와 또 하나의 시는 그것들이 의미하는 것이 각기 다른 만큼 각기 그 작품들 밑에 깔려 있는 규칙은 완전히 동일할 수가 없다. 위의 예들과 같은 인문사회현상들의 각 규칙을 구조주의적 방법으로 추리해서 의미를 해독했을 때, 한국어의 한 문장 혹은 시 작품은 이해됐다는 결론을 내릴 수 있다.

물론 구조주의가 일차적으로 원하는 작업은 바로 위와 같은 일이다. 그러나 구조주의의 야심은 이런 성과로 충족되지 않는다. 왜냐하면 비록 모든 인문사회현상들이 갖는 의미의 개별적인 독서가 완료됐다고 가정하더라도 인문사회과학은 그것의 대상들에 대한 오로지 단편적인 해독밖에는 얻지 못하고 있기 때문이다. 구조주의는 위와 같은 단편적이고 개별적인 한 사회의 인문사회현상의 해독을 기초로 가급적이면 한 사회의 모든 인문사회현상들을 하나의 크나큰 텍스트로 보고 그것들을 총괄적으로 해독하려는 것이다. 이와 같은 구조주의의 목적은 여러 가지 다른 형태로 나타나는 언뜻 보기에는 서로 다른 모든 인문사회현상이 하나의 통일된 핵심적인 규칙에 의해서 지배되고 있다고 믿기 때문이다. 이와 같이 볼 때, 여러 가지 다른 인문사회현상의 개별적인 규칙의 차이는 오로지 피상적인 차이에 있다는 결론이 서게 된다.

그렇다면 모든 인문사회현상, 기호를 일괄적으로 뒷받침하는 근본적인 규칙 혹은 문법과 각기 개별적인 인문사회현상을 뒷받침하는 개별적인 규칙은 어떠한 관계를 갖고 있는가? 바꿔 말해서 단 하나의 전체적이고 근본적인 규칙과 헤아릴 수 없이 많은 개별적인 규칙은 어떻게 다른가? 이러한 관계는 과학에서 예를 들어 상대성 원리, 물을 구성하는 H_2O와의 관계에 비교될 수 있으며, 인문사회현상, 즉 기호현상에서 하나의 예를 들자면 헌법과 그 밖의 작은 형사법·세법·교육법 등과의 관계에 비유할 수 있다. 보다 더 확실한 비유는 문자언어에서 찾아볼 수 있다. 한글은 그것을 어떻게 사용하든 무엇을 목적으로 사용하든 모두 한국어 문법이란 일괄적이고 유일하며 공통된 규칙을 따를 때에만 비로소 그 기능을 발휘할 수 있다. 그러나 한글은 과학적 진리를 표기할 수도 있고, 소설의 표현 도구로 쓰일 수 있고, A라는 시를 쓰는 데 사용될 수도 있고, B라는 시를 쓰는 데 사용될 수도 있다. 과학적 진리를 표현할 때, 소설을 쓰는 데 사용될 때와 A라는 시 대신 B라는 시를 쓸 때, 그것들은 한국어 문법이라는 큰 테두리 안에서 서로 각기 다른 규칙에 지배되고 있는 것이다. 그렇다면 한국어 일반의 문법 규칙과 B라고 하는 구체적인 시 작품을 다스리는 규칙과는 어떠한 관계가 있는가?

우리는 인문사회과학의 '모든' 대상들을 한 권의 일관성 있는 책, 즉 텍스트라고 생각할 수 있다. 몇 백 페이지짜리 한 권의 책은 모두 똑같은 문법적 규칙을 가진 한글로 씌어 있다. 그러나 그 책은 무수한 낱말, 무수한 구절, 수많은 장으로 분석된다. 그 많은 구절과 여러 개의 장은 단 하나의 경우도 똑같은 예가 없이 서로 다르다. 다시 말해서 하나하나의 구절, 하나하나의 장은 서로 다른 의미를 갖고 서로 다른 규칙에 의해서 구성되어 있다. 이와 같이 서로 다른 규칙을 갖는 구절들 혹은 장들 간의 차이는 그것들을 구성하는 낱말들이 다른 규칙에 의해서 구성되어 있는 데 있지 않고, 기본적으로 같은 여러 규칙을 갖고 구성된 복합적 낱말들이 다르게 구성되어 있다는 점에서만 찾아볼 수 있다.

이와 같이 한 권의 책을 구성하는 수많은 낱말과 구절 그리고 장들과의 관계는 물질의 가장 기본적인 구조인 핵의 구조와 똑같은 핵들로 구성되어 있는 여러 가지 물질과의 관계와 같다. 가령 물의 구조와 진주의 외적 구조는 분명히 서로 다르지만, 그것들을 각기 분석해보면 그것들은 모두 똑같은 구조를 가진 핵자들로서 구성되어 있다. 물의 화학적 지식은 그 밖의 다른 모든 물질의 화학적 구조와는 다른 특수한 그것만의 구조를 밝힘으로써 얻어진다. 그러나 그러한 물에 대한 지식은 그것이 다른 물질과 근본적으로 공통된 핵에 의해서 이루어졌다는 것을 알 때, 우리는 물에 대한 보다 깊은 지식을 얻게 된다. 이와 마찬가지로 한 종류의 인문사회현상, 예를 들어 혼인관계의 특수한 구조, 즉 규칙을 알 때 우리는 그 현상에 대한 앎을 얻게 되지만 만약 그러한 규칙이 표면상으로 다른 규칙을 가진 예절의 규칙과 근본적으로 같은 규칙에 의해서 지배되고 있음이 입증될 때 우리는 혼인관계와 예절의 의미에 대한 보다 깊은 이해를 얻게 된다.

　이와 같이 해서 구조주의가 인문사회과학의 방법론이라 말했지만, 그것은 어떤 특수한 인문사회현상의 연구방법으로 그치지 않고 '모든' 인문사회현상에 다 같이 적용될 수 있는 유일하고 보편적인 인문사회과학의 방법론이 되고자 하는 것이다. 구조주의는 모든 인문사회현상이 궁극적으로는 동일한 규칙에 의해서 지배되고 있다고 전제한다. 한마디로 구조주의는 기호구조, 즉 언어구조의 보편성을 전제로 한다.

　이러한 구조의 핵심적 전제는 한편으로 언어학자 노암 촘스키의 가설에 의해서, 또 한편으로 인류학자 레비스트로스에 의해서 실증되고 있는 것으로 믿어진다. 촘스키는 모든 자연언어, 예를 들어 한글·영어·불어·중국어 등은 언뜻 보기와는 달리 근본적으로 똑같은 규칙과 문법에 의해서 조직되어 있다고 주장한다. 물론 촘스키는 위에서 든 여러 언어들의 문법이 서로 다르다는 자명한 사실을 부정하는 것은 아니다. 그의 언어학적 이론의 독창성·혁명성은 이른바 언어의 규칙, 혹은 문법을 심층구조와 표면구조로 구별하며 그것과의 관계를 설명한 데 있다. 그에 따르면 자명하게 나타나는 여러 언어들 간의 문법적 차이는 오로지 표면구조에서 볼 때만 그렇지 그것들을 분석해가면 각기 다른 구조를 가진 문법들은 보다 근본적인 보편적 문법에 지배되고 있다는 것이다. 이러한 언어의 규칙은 한글이나 영어과 같은 어떤 특정한 언어의 규칙을 후천적으로 배우는 것이 특정한 규칙이 아니라 인간이면 누구나 태어날 때부터 선천적으로 알고 있는 규칙이라는 것이다. 이와 같은 선천적 언어의 규칙에 대한 지식은 인류라는 종으로서 생물학적으로 결정되기 때문에 인류에게 공통된 것이다. 특수한 언어, 예를 들어 한글이나 영어 그 밖의 모든 자연언어는 선천적으로 인류가 알고 있는 언어의 규칙에 따라 그것이 변형되어 나타났다는 것이다. 이것이 사실이라면 개별적인 여러 가지 언어의 규칙을 분석함으로써 우리가 선천적으로 알고 있는 언어의 보편적 규칙을 알아낼 수 있을 것이다.

   이 인류 공통의 선천적으로 알고 있는 언어의 규칙은 문학언어의 구조를 결정할 뿐만 아니라 비문학적 모든 기호들, 즉 인문사회과학이 대상으로 삼고 있는 모든 기호현상이 될 수 밖에 없을 것이다. 레비스트로스는 이러한 사실의 논리적 가능성을 믿고 그것을 구체적으로 입증하려 했던 최초의 학자다. 그는 브라질의 원시부족을 연구했다. 그에게 있어서 원시부족의 가족관계, 식사법, 옛날 얘기들이 한결같이 극히 복잡하고 세밀하며 엄격한 규칙에 의해서 결정되고 있음을 추리해냈다. 그리하여 레비스트로스는 원시부족일지라도 그들이 쓰는 갖가지 비문자기호도 가장 문명화된 사회의 여러 기호의 구조와 똑같고, 그만큼 복잡하다는 결론을 내린다. 이와 같은 사실을 인정한다면, 한 사회 내의 여러 인문사회현상들은 물론 과거나 현재나 미래의 모든 인문사회현상들을 한결같이 근본적으로는 단 하나의 원칙에 의해서 총괄적으로 파악할 수 있을 것이다. 한때 논리 실증주의자인 루돌프 카르납이나 찰스 모리스 등을 중심으로 이른바 '통일과학'의

운동이 있었다. 그들은 여러 가지 과학을 하나의 유일한 원칙 위에 세워보려고 했었다. 그들의 야심은 모든 자연과학뿐만 아니라 모든 인문사회과학도 단 하나의 유일한 법칙으로 세워보려고 했던 것이다. 이러한 운동은 엄청난 야심의 소산이며, 또한 유물론적이고 결정론적 형이상학을 전제로 하고 있다.

구조주의는 반드시 이러한 유물론적 혹은 결정론적 형이상학을 전제하지도 않고 자연과학과 인문사회과학을 하나의 통일된 원칙 위에 총합적으로 세우려 하지 않는다. 구조주의는 오히려 그 출발점에서 자연과학과 인문사회과학이 근본적으로 다른 원칙에 의해서 설명돼야 하고 따라서 그 연구방법도 완전히 이질적인 것임을 전제로 한다. 그러나 구조주의는 모든 인문사회과학의 유일하고 종합적인 방법론이 되고자 한다. 바꿔 말해서 구조주의는 유일한 원칙에 의해서 모든 개별적인 인문사회현상의 해석에서부터 시작하여 궁극적으로는 모든 인문사회현상들의 의미를 종합적으로 보려고 한다.

6
기호와 메타기호

구조주의가 모든 인문사회현상을 기호로 보고 그 기호를 해독하는 통일된 방법이라는 것을 강조했다. 그러나 기호는 그냥 기호와 메타기호 그리고 메타-메타기호 등으로 수많은 차원에서 고찰될 수 있다.

하나의 기호, 예를 들면 '하늘'이란 낱말의 의미는 무엇을 의미하는데 그 무엇의 의미란 다름 아니라 그 기호가 지칭하는 어떤 개념에 지나지 않는다. 구조주의적 기호학에서는 전자를 의미기호significant-signifer라 하고, 그것이 지칭하는 후자를 개념대상signifié-signified이라 부른다. 하나의 기호는 반드시 물질적 차원과 의미적 차원이 있다. 자연언어를 두고 볼 때 그 언어가 문자로 쓰이든지 발음되든지 해야 기호문자라는 시각적 차원 혹은 발음이라는 청각적 차원을 내포하고 있다.

의미기호와 개념대상은 모두 구체적으로 볼 수 있는 무엇을 가리키는 것이 아니라 개념적인 내용을 가리키는 낱말들이다. 그러나 이러한 내용들은 보거나 듣거나 만지거나 할 수 있는, 즉 지각될 수 있는 구체적인 지각대상으로서의 기호 없이는 생각될 수 없다. 이러한 지각대상을 기호signe/sign라고 부른다. 바꿔 말해서 어떤 지각대상을 기호라고 취급할 때, 그 기호는 지각될 수 없는 두 가지 개념들, 즉 의미기호와 개념대상을 내포하고 있는 것이다. 어떤 지각대상의 의미를 안다는 것, 즉 그것을 해독한다는 것은 그 속에 내포되어 있는 의미기호와 개념대상의 관계를 알아내는 일이다. 예를 들어 '하늘'이라는 지각기호를 보고 그 기호가 '하늘'이라는 의미를 갖고 그 '하늘'이라는 의미는 '하늘'이라는 '개념'으로 지각된 지상의 넓은 공간을 가리킴을 알 때 이해되는 것이며, '하늘은 푸르다'라는 지각기호는 '푸르다'는 '개념'으로 지각되어 '하늘'을 가리킨다. 하나의 '하늘' 혹은 '하늘은 푸르다'라는 문자로 된 시각적 기호가 '하늘' 혹은 '하늘은 푸르다'라는 '개념'을 갖게 되는 것은 자연적 인과관계에 의해서 결정된 것이 아니고, 순전히 한 사회적 순수한 약속, 즉 규칙에 의해 결정되는 것이다.

요약하면 어떤 지각대상의 의미를 알아내는 것은 어떤 사회적 약속을 의미하는가를 알아내는 일에 불과하다. 이와 같이 사회적 약속에 의해서 정해진 기호와 그것이 지칭하는 개념으로 파악된 대상과의 관계를 언어학 혹은 기호학에서는 '의미론意味論'이라 부른다. 여기서 강조할 점은 구조주의적 입장에서 볼 때 한 기호나 언어는 어떤 기호나 언어가 아닌 어떤 대상을 가리키고 그 대상의 그러한 언어나 기호의 '의미'라는 것의 종래의 상식적 진리는 부정되어야 한다는 사실이다.

가령 '강아지'라는 말은 강아지라는 동물 자체를 가리키는 것이 아니라 강아지라는 동물로서, 강아지라는 범주에 의해서 지각된 현상을 가리킨다는 것이다. 이러한 사실은 무엇을 의미하느냐 하면 어떤 현상 혹은 사물은 어떤 범주를 적용하느냐에 따라 달리 지각될 수 있다는 것이다. X라는 물질적 대상은 강아지로 지각될 수도 있고, '살 덩어리'로 인식될 수도 있으며 '동물'로 인식될 수 있다는 말이다. 그래서 '강아지'·'살 덩어리'·'동물'은 사물 자체가 아니라 '지각된' 사물이며, 그것들을 물질적 사물에 비추어보면 일종의 기호에 해당된다. 이와 같이 따져갈 때 '강아지'라는 언어기호가 지칭하는 것은 물질적 사물 자체가 아니라 또 하나의 기호가 된다. 그래서 후자의 기호에 비추어 볼 때 전자의 기호는 '기호의 기호', 즉 메타기호가 된다. 이 메타기호는 또 다시 메타-메타기호, 즉 삼차원적 기호의 기능을 하게 된다. 이와 같이 기호와 또 다른 기호의 관계는 얼마든지 겹쳐서 무수한 차원을 이룰 수 있다.

어떤 현상이 어떠한 기호로 표기되느냐, 즉 어떠한 범주 속에서 파악되느냐는 그러한 기호를 사용한 한 개인이나 사회의 필요와 가치관 같은 실용적 필요에 의해서 결정된다. 가령 골동품들이 있다고 하자. 같은 골동품을 놓고 고고학자나 장사꾼이나 예술가는 각기 다른 각도에서 그것들을 지각하고 분류하며 평가할 것이다. 이와 같은 차이는 각자 그들의 관심, 가치관 등에 의해서 결정된다. 이와 같이 똑같은 골동품을 어떻게 보느냐는 사실, 즉 같은 골동품이 어떠한 기호에 의해서 표기되느냐를 알 때 우리는 그렇게 표기한 사람, 혹은 사회가 갖고 있는 가치관 혹은 관심이 무엇인가를 알 수 있게 된다.

이렇게 해서 기호학은 어떤 사람 혹은 사회가 사용하고 있는 기호를 분석함으로써 그 사람 혹은 사회가 암암리에 갖고 있는 태도·관심·가치관까지를 캐어내려는 것이다. 예를 들어 한 시인의 작품, 혹은 한 사회의 결혼 관계를 분석하여 그러한 작품, 그러한 결혼관계를 만들어낸 한 개인 혹은 사회의 관심·목적·가치관을 알아내고, 더 나아가서는 그러한 관심·목적 혹은 가치관을 낳게 한, 한 개인과 사회의 세계관까지를 알아내고자 한다. 만약 인간의 모든 행동이 무의식적이나마 어떤 세계관 또는 인생관을 전제로 한다는 것을 인정하고 이처럼 무의식적인 세계관이나 인생관을 이념, 혹은 이데올로기라고 부를 수 있다면, 구조주의적 기호학은 기호의 해독이라는 방법을 통해서 궁극적으로는 한 개인, 나아가서는 한 사회의 밑바닥에 깔려 있는 이데올로기를 밝혀내고자 하는 것이다. 따라서 구조주의적 기호학을 하나의 '이념학理念學'이라고 불러 마땅하다.

마르크스는 한 사회의 구조를 하부구조와 상부구조로 나누고 후자를 전자의 반영으로 보았다. 구조주의에서 말하는 기호와 메타기호는 마르크스가 말하는 하부구조와 상부구조에 해당된다. 마르크스주의나 구조주의적 기호학은 궁극적으로 한 사회 일반의 숨은 이념을 밝혀내려는 점에서 일치한다. 다만 방법에 대한 관점에 그 차이가 있다. 구조주의적 기호학의 특색은 모든 인문사회현상을 인과적 관계가 아니라 구조적 관계, 사물적 관계가 아니라 기호적 관계로 보는 데 있다. 그리고 구조주의는 오로지 이러한 관점만이 올바른 인문사회과학의 방법, 가장 객관적이고 보편성을 지닌 방법이라고 주장하는 것이다.

7
구조와 실존

앞서 우리는 구조주의가 실존주의에 대치되는 현재의 중요한 사조라고는 하지만 그것들은 간단히 비교될 수 없으며, 따라서 하나가 또 하나를 대치했다고 간단히 말할 수 없다는 것을 강조했다. 무엇보다도 실존주의는 철학적 이론인 데 반해서 구조주의는 인문사회과학에 대한 방법론이기 때문이다. 그러면서도 실존주의자가 구조주의자, 사르트르와 레비스트로스와의 논쟁이 치열했던 것도 또한 사실이다. 그 까닭은 한편으로 실존주의가 철학 이론이긴 하지만 그러한 철학은 일정한 인문사회과학의 방법론을 암시하며, 또 다른 한편으로는 구조주의가 인문사회과학의 방법론이긴 하지만 그것은 인간과 자연에 대한 어떤 철학적 견해를 암암리에 전제하고 있기 때문이다.

실존주의는 각 인간의 근본적 자유와, 그에 따르는 인간의 독창성을 강조하여 모든 인간의 활동은 이러한 인간이 결정한 것으로 본다. 이와 반대로 구조주의는 언뜻 보기에 자유로운 선택에 의해서 결정됐다고 보는 각 인간의 행동도 사실은 이미 존재하고 있는 사회구조에 의해서 결정되고, 그러한 구조 속에서만 의미를 갖는다고 전제한다. 따라서 인문사회현상의 구조를 설명할 때도 실존주의자들은 인간의 '의도'·'결단' 등의 개념으로 설명하려 하고 구조주의자들은 이미 나타나고 있는 인문사회현상이라는 기호를 통해서 인간의 '의도'·'결단'을 이해할 수 있다고 주장한다.

구조주의가 실존주의적 설명을 부정하는 데는 중요한 이유가 있다. 그것은 실존주의적 설명이 인식론적 난점을 갖고 있기 때문이다. 그것은 이른바 '의도적 오류'이다. 즉 어떤 현상이 그것을 야기한 사람의 의도로서 설명되는 데는 논리적인 난점이 있다는 것이다. 예를 들어 어떤 외국인이 한글을 잘 모르고 '나는 당신을 사랑한다'는 뜻을 표현하려고 했으면서 '나는 당신을 증오한다'라는 말을 했다면, 그 말은 발언자의 의도를 떠나 객관적인 의미를 갖는다. 또 하나의 예를 들어 만 년 전의 어떤 고고학적 자료를 얻었다고 하자. 우리는 어떤 사람이 어떤 의도로 그러한 것들을 만들어냈는지 도저히 알 길이 없다. 만약 이러한 자료가 그것들을 만들어낸 사람의 의도에 의해서만 설명되어야 한다면 우리는 처음부터 그러한 자료를 설명할 수 없을 것이다. 그럼에도 불구하고 우리는 그 자료를 관찰하고 그것들 간의 관계를 관찰함으로써 그러한 자료가 설명될 뿐만 아니라 그러한 것들을 만든 사람들의 세계관·관심·의도까지도 어느 정도 추측해낼 수 있다. 이처럼 구조주의는 인문사회현상을 설명함에 있어서 그것들을 만든 사람들의 의도나 결단 등에 '앞서' 그 자료 자체의 구조가 먼저 설명되어야 한다고 주장한다. 그 까닭은 그러한 방법만이 가장 객관성을 가진 설명이 될 수 있고 인문사회과학도 과학인 이상 가능하면 객관적인 설명을 해야 한다고 믿기 때문이다.

인문사회과학의 방법으로서 제시된 구조주의의 근본적인 동기는 종래의 인문사회과학방법이 자연과학의 방법론에 비해서 너무나 주관적이었다는 생각에서 찾을 수 있다고 볼 수도 있다. 가령 하나의 역사적 혹은 사회적 현상이 현재에 있어서도 이념에 따라서 정반대로 설명되고 있음은 누구나 잘 알고 있는 사실이다. 이와 반대로 뉴턴의 역학이나 H_2O에 대한 과학적 설명은 이데올로기에 따라서 달라지지 않는다. 이처럼 참다운 앎, 참다운 설명은 이데올로기를 초월하여 보편적이고 객관적이다. 이러한 앎의 모델을 우리는 자연과학에서 찾아볼 수 있다.

구조주의가 뜻하는 바는 인문사회과학을 과학으로서, 즉 객관성 있는 앎으로 만들려고 하는 것이다. 구조주의가 현재 많은 지지를 받고 있는 이유도, 비록 그것이 자연과학에서의 객관성을 갖추진 못했을지라도 종래 인문사회과학의 방법에 비해서 한결 객관성을 갖는 방법이기 때문이다. 그것은 어떤 이념에 지배되어 편견을 떠나지 못하는 인문사회과학에 다소 이데올로기 중립적인 방법을 제시하기 때문이다. 이같이 볼 때 사실 구조주의가 그것이 주장하고 있는 것처럼 유일한 객관성과 보편성을 가진 인문사회과학의 방법론이 될 것인가는 아직 그것의 발전 결과를 두고 봐야 하겠지만 다소 의심스럽다. 그것은 다음과 같은 두 가지 이유에서이다.

첫째, 구조주의의 대변인격인 바르트가 시인하고 있는 것처럼 인문사회현상의 구조주의적 해석은 구조주의의 이상과는 달리 완전히 이데올로기 중립적일 수 없다. 가령 하나의 시 작품을 예로 들어보면 그 시의 구조적 설명은 단 한 가지만 존재하는 것이 아니고 여러 다른 설명이 모두 정당화될 수 있다. 왜냐하면 어떠한 구조적 설명을 강조하느냐는 것은 그것을 설명한 사람의 관심·동기·목적 등 넓은 의미에서의 이데올로기에 의해서 지배되기 때문이다.

둘째, 구체적으로 하나의 시 작품, 하나의 가족제도, 하나의 건축 양식 등이 성공적으로 구조적 설명을 가질 때 그러한 설명은 수학에서나 볼 수 있는 선명성을 가져 매력 있지만 그러한 설명이 과연 어느 정도 만족스러운지는 극히 의심스럽다. 어떤 대상이 구조적으로 설명될 때 우리는 무엇인가 빠진 것 같은 느낌을 버릴 수가 없다. 과학은 반드시 어떤 대상을 단순히 설명함으로써 충족되지 않는다. 많은 경우 과학은 어떤 실천적 필요에서 생기고 그것을 충족시키려 하는 데 뜻이 있다. 따라서 경우에 따라 비록 객관성이 부족한 설명이 객관성을 만족시키는 설명보다 더 실천적인 만족을 줄 수도 있다. 그리고 어느 관점에서 볼 때 구조주의적 인문사회과학이 충분히 있을 수 있고 그것대로의 가치가 있을지라도 인문사회현상은 반드시 구조적 방법에 의해서 설명된다는 주장이 있다면 그것은 지나친 독단이 아닌가 싶다. 때로는 실존적 설명이 구조적 설명보다 더 선명하고 납득이 가는 이유가 여기에 있다.

그러면서도 우리는 구조주의의 참신성, 그 이론으로서의 매력과 중요성을 인정하지 않을 수 없다. 비록 그것이 시대적 요구에서 나온 일종의 이데올로기적 성격을 면할 수 없다고 가정하더라도 인문사회현상을 새로운 각도에서 보게 한다는 점에서, 그리고 더 나아가서는 그러한 구조적 설명을 통해서 우리들 인간 자신의 모습을 새로운 관점에서 비춰 보게 한다는 점에서 구조주의는 우리나라에서도 보다 정확히 연구되고 이해되며 실험적으로나마 적용되어 볼 충분한 가치가 있다고 믿는다.

5장 | 인문학과 해석학

1
인문학의 철학적 문제들

인문학에서의 철학적 문제는 그 학문의 방법론적 문제로 귀착된다. 이는 한 현상에 대한 인식의 패러다임을 자연과학의 방법론에서 발견할 수 있음을 인정할 때 그러한 방법론이 인문학에도 적용될 수 있느냐의 여부에 달려 있다. 이러한 문제는 방법론이 같지 않을 경우 과연 엄격한 의미로서의 인식, 즉 학문이라고 말할 수 있느냐는 문제로 진전되며, 경우에 따라서는 인문학은 그 성격상 과학이 될 수 없을 뿐만 아니라 되어서도 안 된다. 따라서 넓은 의미에서 인식은 자연과학에서의 인식에서 그 모델을 찾을 필요가 없다는 결론에 이르기까지 한다. 여기서 나는 이러한 문제를 검토하고 문제에 따르는 갖가지 시비를 가려서 해결책을 마련하고자 한다. 인문학을 둘러싼 철학적 문제는 방법론에만 국한되는 것이 아니라 인문학의 성격과 분야 그리고 목적을 명확히 규정하는 데 있다.

인문학은 흔히 철학, 문학, 언어학, 예술, 역사학을 포함한다. 그러나 인문학에 포함되었던 심리학이 현재 자연과학에 속하고, 역사학도 경우에 따라서는 인문학에서 이탈시키려는 경우가 있다. 이러한 사실은 인문학의 대상 자체가 아직 분명하지 않음을 입증하는 것이다. 좀 더 생각해보면 역사학뿐 아니라 예술과 철학까지도 문제의 대상이 될 수 있다. 회화, 연극, 음악이 왜 인문학인가? 철학이 자연과학은 물론 문학연구와 같은 성격의 학문이 될 수 있는가? 이렇게 볼 때 인문학의 분야를 엄격히 규정하는 것은 매우 어려운 문제이고, 철학적 해명이 따로 요구된다. 그러나 여기서는 그러한 문제는 잠시 접고 독단적이기는 하나 문학을 인문학의 전형적인 분야로 전제하고 문학을 중심으로 인문학의 철학적 문제를 검토하고자 한다.

문학이 문학작품을 대상으로 하는 학문이라면, 그 대상은 자연과학의 대상과 그 성격이 어떻게 다른가? 그리고 그 대상을 인식하는 것이 자연현상을 인식하는 것과 어떻게 다르며, 또한 어떤 것이어야 하는가? 사물과 의식을 전제하지 않으면 생각할 수 없는 언어와의 관계에 대한 형이상학적 문제가 존재하지만, 인식의 대상은 시공 속에서 존재하는 자연현상으로서의 사물과 시공을 초월하는 의미적 차원에서 이해될 수 있는 문화현상으로서의 언어로 구별할 수 있다. 이런 의미에서 인문학의 인식대상이 언어임은 자명하다. 여기서 말하는 언어란 문법적·어원적 연구의 대상인 자연언어를 말하는 것이 아니라 언어를 통한 담론談論discourse을 가리킨다. 인문학의 인식대상인 담론을 편의상 '텍스트text'로 부르기로 한다. 그 이유는 담론이 담론자의 의도나 담론 이해자인 독자를 의미하지 않고, 언어로 서술된 객관적 발언 혹은 기록을 지칭하기 때문이다.

한 텍스트, 예를 들어 개별적인 문학작품 혹은 문학작품 일반은 어떤 종류의 인식대상이 될 수 있을까? 토도로프는 저서 『구조시학構造詩學』(1970)

에서 문학연구의 양상을 '해석解釋interprétation'과 '시학詩學poétique'으로 구분한다. 해석은 개별 문학작품에 대한 주석·설명 등 일반적으로 비평이라 불리는 활동이며, 시학은 연구의 초점을 개별 작품에 두지 않고 문학작품 일반에 두어 한 텍스트를 문학 텍스트로 만들게 하는 문학적 속성素屬性素literary property를 추출하는 작업이다.

　모든 문학작품이 공통적이고 보편적으로 지닌 것으로 가정되는 문학적 속성을 '문학성littéralité'이라 한다. 이러한 작업은 자연과학자가 개별현상에 관심을 두지 않고 동일한 종류의 개별적인 현상들을 설명하기 위해 '법칙law' 혹은 '이론theory'이라는 추상적인 구조를 발견하는 것과 논리상 같으며, 이른바 시학이 발견하고자 하는 문학성은 자연과학이 발견하고자 하는 법칙이나 이론과 성격이 같다. 차이가 있다면 자연과학이 목적으로 하는 법칙이 사물 자체 속에 내재한다고 전제되는 데 반해 시학이 목적으로 하는 법칙은 약속적conventional인 것을 전제로 하는 것이며, 자연과학이 이미 발견된 법칙으로 개별현상을 '인과적因果的'으로 설명하는 데 비해 시학은 이미 발견한 규칙으로 개별 문학작품을 '규범적規範的'으로 설명하는 데 있다. 따라서 토도로프가 '시학'을 '문학과학'으로 부른 것이 충분히 이해된다. 토도로프는 이런 의미에서 시학은 문학작품에만 적용되는 것이 아니라 그 밖의 언어로 서술된 분야, 좀 더 정확히 말해서 철학, 역사, 기타 모든 기록물에도 적용된다고 주장했다.

　이런 의미에서 문학과학의 가능성은 토도로프 이전의 러시아 형식주의자들에 의해 어느 정도 입증되었다고 말할 수 있다. 이런 점은 우리의 지적 호기심을 만족시켜주기도 한다. 뿐만 아니라 문학 담론의 특수한 성격도 밝혀내 다른 종류의 담론과의 객관적 차이도 드러낼 수 있고, 더 나아가 인간의 의식이나 그것이 지향하는 바를 암시해줄 수도 있을 것이다. 그러나 문학의 시학은 그것만으로는 문학작품의 구체적 의미와 기능을 만족스럽게 밝혀내지 못할 것이며, 자칫하면 무모한 지적 유희로 끝날 수도 있다. 언어로서의 문학작품이 어떠한 의도의 표현이며, 그러한 의도는 전달과 이해를 전제로 하고 있으니만큼 그 존재 양식이 자연현상처럼 인과관계로 서술되고 설명되어질 성질이 아니라 '해석'의 대상으로 존재한다. 그러므로 문학연구의 궁극적 목적은 개별 문학작품에 대한 해석에 있다. 문학연구의 대상이 개별 문학작품이 아니라 문학 일반이라고 해도 문학연구는 개별 문학작품을 해석한 뒤에야 가능하며, 그러한 연구는 개별 문학작품을 더욱 정확하게 시정해주는 한에서 그 의의가 있는 것이다. 그러므로 '문학성'에 초점을 두는 시학도 개별 문학작품의 해석에 기여하는 한에서만 그 가치가 부여될 수 있다. 결국 문학연구의 문제는 개별적 해석의 문제로 귀착되고, 이는 어떤 해석의 방법론이 타당한가 하는 철학적 문제로 나타난다.

2
인문학적 텍스트의 해석

해석이란 무엇이며 왜 문제가 되는 것일까? 해석은 텍스트의 의미를 알아내는 것으로 정의된다. 그렇지만 의미를 알아낸다는 말은 애매한데, 첫째, 한 텍스트 안의 문장을 읽을 줄 안다는 것을 의미하기 때문이다. 이런 식이라면 구태여 해석의 문제는 제기되지 않을 것이다. 예를 들어 이상의 『날개』(1936)라는 텍스트는 한국어를 읽을 줄 아는 사람이라면 누구나 해석할 수 있다고 말할 수 있으며, 조이스의 장편소설 『율리시스 Ulysses』 (1922)도 영어를 읽을 줄 아는 사람이라면 누구나 해석할 수 있다는 뜻이 될 테니 말이다. 이러한 일차적 의미로서의 해석은 텍스트를 구성하는 자연언어의 문법과 단어들의 의미를 안다는 것에 지나지 않을 것이다.

그러나 한 텍스트에 대한 해석이 늘 문제가 되는 이유는, '해석'이란 말이 위와 같은 사례로서의 텍스트의 의미를 아는 것과는 다르기 때문이다. 이는 한 텍스트를 구성하는 자연언어의 문법과 단어를 아는 것만으로는 그 텍스트의 뜻을 충분히 밝혀지지 않는다는 것을 암시한다. 그렇다면 문법적 혹은 단어적 뜻으로 환원될 수 없는 한 텍스트의 뜻은 무엇일까? 여기서 우리는 편의상 마르크스, 프로이트, 사르트르, 또는 촘스키의 의미로서의 상층의미上層意味와 하층의미下層意味 혹은 표층의미表層意味와 심층의미深層意味라는 개념을 도입하여, 텍스트의 문법과 단어들의 의미를 표층의미로 문학연구가가 알고자 하는 의미를 심층의미로 구분할 수 있다. 다시 말하면 우리가 지각할 수 있는 사회구조나 개인적 행동의 진정한 의미는 직접 지각될 수 없는 사회구조나 한 개인의 무의식 혹은 원초적 선택에 의해 비로소 밝혀질 수 있는 것과 같이 한 텍스트의 문법과 단어의 진정한 의미도 심층의미에 비추어졌을 때에야 비로소 이해될 수 있다는 것이다.

이는 텍스트의 의미가 발언자, 작품의 의도, 역사적 또는 사회적 맥락과 깊고 복잡한 관계를 갖고 있기 때문에 나타나는 것이다. 한 단어, 한 문장,

한 텍스트의 의미는 단의적·직선적이 아니라 다의적, 즉 획일적으로 결정될 수 없는 상징적 성격을 띠기 때문이다. 이러한 언어의 심층의미는 직접 발견될 수 없고 오로지 상세한 분석을 거친 뒤에야 발굴된다는 결론은 자명하다. 이러한 의미로서의 발굴 작업이 곧 참다운 의미로서의 해석이며, 그러한 해석은 해결되어야 할 문제로 남는다. 문학작품에서는 위에서 언급한 언어의 다의성多意性 혹은 모호함이 최대로 활용된다는 사실을 인정할 때, 문학연구에서의 해석이 가장 핵심적 문제로 부각됨은 당연하다.

그렇다면 문학작품에 대한 해석은 어떠한 방법에 의해 이루어져 왔으며, 어떤 방법론이 가장 타당할까? 달리 말하면 문학연구의 중요한 방법론은 무엇이어야만 할까? 이러한 질문에 답을 하기에 앞서 문예비평이란 명목 하에 이루어져온, 새로이 제기되는 몇 가지 해석 방법을 검토해야 할 것이다. 우리는 종종 하나의 문학작품을 두고서 "이것은 X라는 철학을 나타낸다"라고 하며, "이것은 Y라는 윤리를 표현한다"고 하고, "이것은 Z라는 감수성을 나타낸다"고 말하곤 한다. 전통적 강단비평講壇批評이 대략 이런 식이었다. 한 문학작품의 의미가 철학적·윤리적·감성적 의미로 환원될 수 있다면, 그러한 의미는 보다 명료한 방식으로, 또한 비문학적으로 표현될 수 있다. 이럴 경우 문학은 잘해야 표현의 장식적 기능밖에 하지 못한다는 결론에 도달하게 되며, 따라서 문학의 독자적 의미, 문학의 존재 이유는 설명되지 않는다. 그래서 종래의 비평 방법은 그것만으로 만족될 수 없었던 것이다. 일단 강단비평을 논외로 하고 대략 세 가지 해석 이론이 현재 서로 다투고 있음을 알 수 있다. 편의상 그것들을 우리는 (가) 정신분석학적 접근에 의한 인과적 방법, (나) 구조주의적 접근에 의한 언어적 방법, (다) 실존주의적 접근에 의한 현상학적 방법이라 할 수 있다. 이러한 해석 이론들은 어떻게 평가될 수 있을까?

정신분석학의 공적은 바로 무의식의 발견에 있다. 의식구조에 관한 이 학설에 의하면 우리가 직접 지각할 수 있는 의식은 무의식으로 결정된다. 따라서 의식적 표현의 진정한 의미는 그것을 결정한다고 전제하는 무의식적 목적, 욕망, 지향 등과의 연결이 보일 때에만 밝혀지는 것이다. 결국 의식적 표현인 언어의 의미는 무의식적 욕망, 목적, 지향 등으로 환원된다. 이런 의미에서 작품의 해석, 즉 심층의미의 해명은 우리가 직접 읽고 이해할 수 있는 언어의 의미를 언어 이전의 무의식적 심리현상으로 환원하는 작업에 불과한 것이다. 프랑스의 문예비평가 뒤랑이 정신분석학적 해석을 '설립적設立的 해석학'과 구별하여 '환원적還元的 해석학'으로 부른 이유가 충분히 이해된다.

그러나 이러한 프로이트적 정신분석학의 문제는 사람이 내적으로 가지고 있는 성욕 혹은 성적 충동인 리비도libido라고 하는 물리현상으로 환원될 수 있는 것과 무의식과의 관계, 무의식과 의식의 관계, 그리고 의식과 그것에 의한 언어표상의 관계를 모두 인과관계로 전제하고 있다는 점이다. 그러므로 해석은 인과관계를 찾는 작업이 된다. 같은 전제는 마르크스주의적 문학관과 해석 이론에서도 발견된다. 극히 일방적이며 도식적이기는 하나 마르크스주의적 문학관은 문학현상을 의식 혹은 이데올로기적 상부구조와 하부구조, 즉 진정한 사회구조를 나타내는 경제적·사회적 구조의 반영으로 보고 있다. 물리적 구조와 생리적 구조, 생리적 구조와 무의식의 구조, 무의식의 구조와 의식구조, 의식구조와 언어표현과의 인과관계를 밝혀내는 것은 매우 어려운 일일뿐만 아니라 궁극적으로 해결을 찾아낼 수 없을 정도의 형이상학적 문제로 남아 있다. 그러나 그러한 인과관계가 어느 정도 있다는 것만은 누구나 일상의 경험을 통해서 알 수 있다. 이와 동시에 그러한 인과관계는 결코 현 단계에서 물리학을 비롯한 자연과학에서 이해하는 극히 도식적이고 기계적 관계로는 밝혀질 수 없다. 먼 장래에 모든 현상이 인과관계만으로 설명되어질 수 있다 하더라도 그때의 인과관계는 오늘날 자연과학에서 전제로 하는 인과관계와는 다른 성질의 것임이 분명하다. 그러므로 프로이트주의자의 정신분석학적 해석과 마르크스주의자의 해석은 만족스럽지 못하다는 결론에 도달할 수 있다.

다음은 문학작품에 대한 프로이트주적 정신분석학적 해석은 작품의 의미를 작품 밖에서 찾음으로써 개별 문학작품뿐 아니라 문학작품 일반의 자율성自律性을 무시하고 이를 문학의 외부에 있는 심리나 사회현상에 의해 타율적他律的으로 찾으려고 한다. 똑같은 비판이 마르크스주의적 해석에도 적용될 수 있다. 프로이트와 마르크스에 있어서 문학연구, 문학작품의 해석은 문학작품들을 통한 심리학이나 사회경제학이 될 것이며, 개별 문학작품의 의미는 심리적·사회적 의미로 변하게 된다.

한편 정신분석학적 비평과 마르크스적 비평이 전제하는 의식과 그것의 언어적 표현인 문학작품의 인과관계는 사르트르의 실존주의 현상학이나 과학철학자 가스통 바슐라르와 그 뒤를 이은 장 피에르 리샤르의 현상학적 문예비평의 관점에서 비판·극복된다. 프로이트와 마르크스의 심리적·사회적 문예비평이 내포하는 문학작품의 타율적 해석은 프랑스의 비평가 바르트와 프랑스 이론기호학의 계승자인 그레마스 등에 의해 대표되는 구조주의 비평에 의해서 비평되고 시정된다.

　사르트르는 프로이트의 결정적인 오류가 의식을 그 밖의 존재와 같은 성질로 봄으로써 의식현상을 인과적 법칙에 의해 설명할 수 있다고 전제한 데에 있다고 지적한다. 실존주의는 인간 존재 양식에 관한 철학이지만 적어도 사르트르에게 실존주의는 의식현상이 인과율에 의해 설명될 수 없다는 사실, 즉 의식의 자율성 혹은 독자성獨自性을 전제로 하는 존재론이기도 하다. 이러한 점에서 실존주의는 의식의 선험적 차원을 전제로 하는 인식론인 현상학現象學과 통한다. 인간의 본질을 의식에서 찾으며 그러한 인간에 대한 앎이 구체적 의식현상을 통해서만 가능하다고 믿는다는 점으로 보아 인간인식론에서 실존주의와 현상학이 만나게 되는 것이다. 따라서 우리는 사르트르의 실존주의 정신분석학적 문학작품 해석을 현상학적 방법으로 규정할 수 있고, 이와 동시에 이는 정신분석학, 특히 융의 정신분석학에 기초하지만, 문학작품에서 작가가 체험했다고 보는 원초적 경험을 밝혀내자는 바슐라르나 그와 근본적으로 동일한 태도를 취하는 리샤르의 문예비평의 입장 역시 현상학적이라고 부를 수 있다. 질베르 뒤랑은 이를 '환원적 해석학'과 대비해 '설립적 해석학'이라 불렀다.

　사르트르에게 문학작품의 의미는 작품에 나타나는 작가의 원초적原初的 선택이며, 인간의 인간됨 혹은 실존자세實存姿勢를 밝히는 것이다. 그에 의하면 인간은 보편적으로 그리고 존재구조상 필연적으로 즉자卽自인 동시에 대자對自를 실현하는 근본적 기도企圖를 하게 마련이다. 그러나 근본적 기도를 어떻게 실현하느냐는 인간 각자의 자율적 선택에 달렸다. 이러한 선택은 일찍부터 결정해야 하며, 그 결정이 그 사람의 성격 혹은 인간됨을 나타낸다. 의식의 표현으로서의 문학작품은 이와 같은 작가의 선택을 반영한다. 따라서 한 작품의 의미는 작가의 원초적 선택, 즉 삶에 대한 태도에서 밝혀진다. 사르트르는 「보들레르론論」에서 보들레르의 원초적 선택이 '스스로의 죄인집행인罪人執行人', 즉 자학자自虐者가 되는 것이라고 주장했다. 요컨대 한 작품을 해석하는 목적은 그것을 통해 한 인간을 아는 데 있으며, 작품의 궁극적 의미는 그 인간의 원초적 선택에서 찾아진다. 한편 바슐라르는 한 작품, 특히 시에 나타나는 의미는 개념적 차원을 넘어서 그 작가나 시인의 사물현상에 대한 원초적 경험의 감성적 차원에서 찾아야 한다고 전제하고 있다. 그리고 한 작품, 한 시의 올바른 해석은 각기 그 속에 나타나는 이미지들을 분석함으로써 그 작가, 그 시인의 원초적 경험에 접하는 데 있다고 믿는다. 같은 관점에서 리샤르가 뜻한 문예비평은 작품에 나타나는 이미지에 의해 가장 적절히 표현되는 작가의 감성적 경험을 찾아내고, 더 나아가 그러한 경험을 통해 한 작가의 개성을 형성하는 하나의 삶의 원칙을 밝혀내는 작업이다.

    과연 이러한 현상학적 해석이 만족스러울까? 이러한 입장이 정신분석학적 방법이나 마르크스적 방법과 다른 점은 후자가 문학작품과 생리적 욕구 혹은 사회경제적 여건과의 인과관계를 찾는 데 반해 전자는 작품과 그 작품을 쓴 사람의 원시적 태도 혹은 경험과의 비인과적 실존적이라 할 수 있는 관계를 찾는 데 있다. 적어도 우리의 구체적 경험의 차원에서 볼 때 작품과 작가의 생리적, 심리적, 사회적 여건과 엄격한 인과관계를 찾을 수 없음을 전제로 한다면, 문학작품에 대한 프로이트적 그리고 마르크스적 접근보다는 현상학적 접근이 보다 더 타당할 것이다.

그렇지만 현상학적 접근도 마찬가지로 비판을 받아야 한다. 문학작품의 의미를 실존 혹은 인간의 원초적 경험이라고 하는 작품 밖의 현상에서 찾는 것이다. 설령 한 작품의 분석을 통해 그것이 X 혹은 Y라는 원초적 선택 혹은 경험을 나타내는 것이라는 추리가 성립되어도 그것은 반드시 그 작가의 인간 자세를 보여주는 것은 아니다. 왜냐하면 가령 어떤 작가가 작품을 썼는데, 각별한 것을 쓰고자 해서 쓴 것이 아니라 낙서를 하던 끝에 이루어진 것이라면 그것에서 추출되는 인간상이 작가의 인간상으로 판단될 수 없기 때문이다. 다다이스트들이 카페에 모여 앉아 함께 써낸 낱말들이나 문장들을 우연히 모아 시라고 주장했을 때, 현상학적 관점에서 보면 그 시의 의미를 해석하는 것은 모순일 것이다. 여기서 우리는 현상학적 방법론의 두 번째 문제를 발견하게 된다. 현상학적 방법은 문학작품이 언어로 된 것이라는 동어반복적 진리를 간과한다. 작품의 의미는 우선 작품을 형성하는 언어적 의미에서 찾아야 한다는 사실이다. 현상학적 의미가 언어의 의미와 관련지어질 수 있다 하더라도 두 가지 의미는 결코 같을 수 없기 때문이다.

우리는 이러한 문학작품에 대한 해석의 문제에서 구조주의를 접하게 된다. 문학작품이 텍스트란 점에서, 특히 텍스트를 형성하는 언어의 의미는 구조라는 개념을 떠나서 생각할 수 없다는 점이 의식될 때 문학작품에 대한 현상학적 접근은 구조주의의 접근으로 바뀌게 된다. 모든 의미는 언어적이며, 모든 언어는 넓게는 문법, 좁게는 문장, 즉 구문構文이라는 규칙 안에서만 가능하다는 것이다. 이러한 규칙에 비추어졌을 때 비로소 구체적인 개별 낱말들의 의미, 더 나아가서 한 진술의 의미, 그리고 구절의 의미가 이해될 수 있다. 따라서 언어의 규칙은 구조의 역할을 하며, 이러한 구조는 필연적으로 추상적 속성소일 수밖에 없는 것이다. 예를 들어 장기를 둘 때 장기의 개별 말, 그것의 움직임은 오로지 장기의 규칙을 앎으로써만 이해된다. 여기서 장기의 규칙은 그것의 구조에 해당한다. 소쉬르는 언어의 구조와 구체적인 언어행위를 랑그와 파롤로 구별했고, 이러한 구별에 의해서 현대 언어학이 출발한 것이다. 여기서 언어는 약호略號code로 이루어진 체계를 가리키며, 이와 반대로 발언은 그 질서의 한 구체적 적용을 지칭한다.

구조주의 언어학이 체계에 관심을 갖고 있듯 구조주의 문학 해석도 문학작품을 하나의 체계, 좀 더 정확히 말해서 언어라는 구조에 의한 체계로 본다. 구조주의 언어학이 한 자연언어의 발음 구조나 문법적 구조를 찾아내려는 것처럼 구조주의 문예비평이 의미하는 것은 한 작품의 구조를 밝히는 것이다. 이러한 작업의 근거는 앞서 언급한 대로 한 작품의 의미는 그러한 구조를 떠나서는 이해될 수 없다는 전제에서 찾아볼 수 있다.

이러한 구조의 발굴은 여러 차원에서 이루어질 수 있다. 발음, 낱말, 이미지, 문맥, 사건, 이야기 그리고 인물의 차원에서 발굴될 수 있다. 또한 이러한 분석은 한 가지 차원에서뿐만 아니라 여러 차원에서 가능하다. A라는 사건의 B라는 사상, 또는 C라는 심리 등의 차원에서 이루어질 수 있다. 이러한 구조적 분석의 좋은 예를 구조주의의 대표적인 인물 바르트의 「라신론論」, 더 나아가서 같은 저자의 발자크 단편소설에 대한 분석인 「S/Z」에서 찾아볼 수 있다.

한 문학작품에 대한 해석 이론으로서의 구조주의는 만족스러운가? 한 텍스트의 구조를 발견하는 것으로 그 텍스트가 해석된다고 말할 수 있을까? 구조주의의 입장에서 볼 때 한 텍스트의 해석의 문제는 그 텍스트 자체를 대상으로 한다는 점에서 작가가 뜻하는 의도나 그 작가가 서술하고자 하는 대상, 즉 텍스트의 내용을 구성하는 텍스트 자체의 내적 의미를 밝히는 데 있다는 전제는 타당하다. 그렇지만 문제는 어느 정도까지 텍스트와 텍스트 밖의 것을 구별하며, 어느 정도까지 텍스트의 내적 의미와 외적 의미를 구별할 수 있느냐에 있다. 발음학적發音學的 차원을 제외하고는 엄밀한 의미에서 텍스트 밖의 것들과 완전히 분리된 독립적 구조 자체의 분석과 발굴은 불가능할 수밖에 없다. 이야기의 차원이나 이미지의 차원에서 텍스트의 구조를 분석하려면 우선 그 낱말들과 진술들이 지적하거나 의미하는 언어 밖의 것들과 연관시키지 않을 수 없기 때문이다. 사실 발음학적 차원을 제외하고서 텍스트의 모든 구조적 분석은 언어의 구조적 차원 밖에서만 이해될 수 있는 의미론적 차원의 이해를 전제로 하고 있다.

그렇다면 한 텍스트의 모든 구조가 밝혀졌다고 하더라도 그것으로서 그 텍스트를 해석 또는 이해했다고 말할 수 있을까? 만약 그렇다고 고집한다면, 언어의 구조 혹은 체계와 게임 체계와의 혼동을 함의含意하는 것이다. 예를 들면 장기는 그 게임의 체계를 앎으로써 완전히 이해됐다고 할 수 있다. 물론 현대 언어학이 밝혀준 것과 같이 언어도 체계이며, 그 체계 안에서 그것을 구성하는 낱말과 진술이 이해된다. 그러나 언어의 이해는 체계를 아는 것만으로는 충분하지 않다. 언어는 항상 무엇을 지칭하거나 무엇에 대한 체계가 될 수 있지만 장기는 무엇을 지칭하거나 무엇에 대한 체계가 아니다. 텍스트의 구조 혹은 체계를 아는 것은 그 텍스트의 의미를 아는 것과는 동일하지 않다. 여기서 우리는 구조주의의 해석과 공헌을 인정하면서도 그것에 만족할 수 없음을 또한 인정하지 않을 수 없다.

정신분석학적 해석이나 마르크스적 해석은 물론이려니와 현상학적 방법이나 구조주의 방법 모두 만족스러운 텍스트의 해석 방법이 될 수 없다면, 다시 말해 인문학의 방법론이 되지 못한다면, 과연 새로운 방법론이 가능할까? 여기서 나는 해석학적 해석 방법을 고려하고자 한다.

3
방법론으로서의 해석학

해석학적 해석이란 개념은 문자 그대로 보면 동의반복적同意反復的 진술로 무의미하다. 그렇지만 정신분석적, 현상학적 그리고 구조주의적 해석 모두 인문학의 궁극적 목적이라고 할 수 있는 텍스트의 의미를 결정하는 방법론이라고 할 때 '해석학적'이란 개념은 위의 방법론에 관한 것으로 인문학의 목적에 관한 개념이 아니다. 여기서 해석학은 슐라이어마허, 딜타이, 하이데거, 가다머, 리쾨르에서 제시된 해석학을 지칭한다. 이런 의미로서의 해석학은 텍스트, 더 나아가서는 인문학의 새로운 방법론으로 제기된 것이다.

해석학에 대한 위의 철학자들의 개념이 완전히 동일하지 않다는 것은 사실이다. 슐라이어마허는 텍스트를 쓴 저자의 의도를 발견하는 데 초점을 두며, 딜타이는 텍스트의 역사성에, 하이데거는 전이해前理解Vorverstehen

에, 가다머는 해석자의 역사적·사회적 맥락을 지칭하는 '지평선地平線'에 초점을 둔다. 그러나 위와 같은 입장들은 텍스트는 설명의 대상이 아니라 이해의 대상이며, 인식의 기능은 사물현상의 인과관계의 발견이 아니라 경험 자체, 즉 우리의 의식 속에 들어오는 관념적 존재인 의미를 포착하는 데 있다고 보는 현상학과 통한다. 리쾨르는 기존의 해석학을 넓은 의미에서 현상학적 방법으로 취급하고 그러한 방법에 미흡한 점이 있는 만큼, 현상학적 방법과 구조주의를 상호보완하여 통합하는 방법으로서 해석학이란 개념을 사용한다. 여기서는 리쾨르가 사용하고 있는 의미로서의 해석학이란 개념을 도입하여 그의 이론을 검토하면서 인문학의 방법론에 대한 문제와 그러한 방법론이 내포하는 인문학에서의 인식을 고찰하고자 한다.

앞서 인문학의 가장 기본적인 문제가 자연과학과 동일한 방법에 의해 이루어질 수 있는지 여부에 달렸음을 지적했다. 자연과학의 양식은 설명적이다. 개별현상이 일정한 원리에 의해 논리적으로 추출될 때 그 개념적 현상이 설명되었다고 말할 수 있다. 헴펠의 이른바 '포괄법칙 모델', 즉 '가설연역 모델'은 설명적 앎의 논리적 구조를 전형적으로 나타낸다. 인문학의 대상이 동일한 방식으로 설명될 수 있을까? 하나의 담론, 하나의 문학작품이라는 개별현상이 일정한 인과적 원리에 의해 연역될 수 있을까? 이러한 질문에 대해, 사회적 조건, 또는 작가의 심리적 조건에 의해 작품이 인과적으로 연역된다고 할 때 우리는 인문학도 자연과학과 동일한 방법으로서 '설명적'이어야 한다고 주장하게 된다. 그렇지만 그러한 설명이 가능하더라도 우리가 과연 문학작품을 알았다고 말할 수 있을까? 작품을 안다는 것은 물리적 차원에서 본 언어를 설명하는 것이 아니라 언어의 의미를 아는 데에만 의의가 있다. 따라서 인문학의 앎은 자연과학에서의 앎과 근본적으로 그 양식이 달라야만 한다는 결론에 이르게 된다. 그러한 앎의 양식을 '설명적'인 것과 대조하여 '이해적' 앎이라고 한다. 이러한 논리를 수긍한다면 인문학에서의 기본 문제, 즉 인문학에서의 '설명'과 '이해'의 문제는 쉽게 해결되었다고 봐야 할 것이다.

그러나 설명적 앎과 이해적 앎과의 시비는 비단 자연과학과 비자연과학과의 사이에서만 야기될 뿐 아니라 비자연과학의 전형적인 예가 되는 인문학 자체 내에서 다시 제기된다. 비록 인문학은 대상을 인과적으로 설명할 수도 없고, 그렇게 해서는 안 되며, 이해되어야 한다고 동의하더라도 방법론에 있어서 설명적이어야 하느냐 이해적이어야 하느냐의 문제가 다시 제기된다. 바꿔 말하자면 언어로 된 작품의 의미도 '설명'될 수 있고, 꼭 그렇게 함으로써만 과학으로서 인문학이 성립될 수 있다는 것이다.

여기서 우리는 두 가지 종류의 설명을 가려볼 필요가 있다. 그것은 각기 인과적 원리에 의한 설명과 계약적 원칙에 의한 설명으로 불릴 수 있다. 개별 사과가 떨어지는 현상이나 밀물현상은 인력引力이라고 부르는 자연원리에 의해 설명되고, 개개의 차·포 등의 움직임은 장기 놀이의 원칙에 의해서 설명된다. 원리가 자연적인 것을 말한다면 원칙은 인위적인 것을 말한다. 장기나 언어라는 인위적인 현상은 원칙에 의해서 설명될 수 있으며, 또한 그러한 원칙에서만 이해된다. 역시 인위적 언어현상인 한 작품이 후자의 의미로도 설명될 수 있음은 당연하다. 인문학과 자연과학이 근본적으로 다르다는 것을 인정한 후에도, 인문학의 앎의 양식이 설명적이냐 이해적이냐 하는 사실에 대한 시비는 이러한 의미에서 설명적이란 말이 이해될 때에 비로소 충분히 납득된다.

　인문학이 의미하는 해석이 작품이란 대상의 해석이란 점에서 일치하면서도 현상학의 입장과 구조주의적 입장이 대립되는 것은 전자가 이해만을 주장하는 데 반해 후자는 좁은 의미에서 설명만을 고집하는 데 있다. 그러나 리쾨르가 주장한 대로 두 입장이 대립된다고 생각할 것이 아니라 해석이라는 단 하나의 활동을 서로 보충하는 변증법적 양면성을 나타내고 있다고 봐야 할 것이다. 문학작품이 언어적 표현임을 전제로 할 때 그리고 그러한 문학작품은 어떤 사실, 경험, 생각 혹은 의도의 표현일 수밖에 것을 인정할 때, 작품의 해석, 즉 작품의 의미는 물리적·논리적 언어 자체의 설명에 있는 것이 아니라 그것이 표상하는 바를 언어 밖에서 찾는 것이 당연할 것이다. 그렇다면 작품의 의미는 작가가 지각했다고 보는 현상, 작가가 느꼈다고 보는 경험, 또는 작가가 의미했다고 보는 의도 등이 될 것이다. 문학작품의 현상학적 해석은 언어의 창문을 통해서 위와 같은 것들을 찾아내는 일이 된다. 그리고 언어 속에 내포되었다고 가정된 이러한 의미는 인과적·논리적 분석으로는 '설명'될 수 없으며, 직관에 의해 이루어지는 종합인식 활동인 '이해'의 대상이 될 뿐이라는 점이다.

　언어는 지향적 주체와 그가 의도하는 언어 밖의 것들과 불가분의 의미를 가진다는 사실을 강조하는 현상학적 해석 이론에는 일리가 있다. 그러나 언어를 그 밖의 것들에 대한 단순한 표현도구로 전제하는 점에서 현상학의 해석 방법이 큰 오류를 범하지 않는다고 하더라도 일방적 성격에서 벗어날 수는 없다. 언어는 단순히 언어 밖의 것들의 표상이나 표현일 수는 없다. 언어 밖의 현상이나 언어 표현자라는 주체자를 떠나서 언어의 의미를 생각할 수 없더라도, 즉 현상이나 주체자의 생각의 표상이나 표현이라 해도 그러한 것들이 표상·표현되는 순간 언어는 어느 정도 자율성을 갖고 존재하기 때문이다. 적어도 인문학의 일차적 인식대상은 문학작품으로 불리는 언어, 즉 텍스트 자체이지 그것과 독립된 현상이나 작가의 의식 내용은 아니다. 이러한 사실을 의식할 때 우리는 현상학적 입장에서 구조주의적 관점으로 옮아가게 된다.

인문학이 알고자 하는 대상이 텍스트라고 부르는 구체적인 언어라고 할 때, 그러한 언어를 인식한다는 것은 그것의 의미를 이해하는 데 있다고 할 때, 그리고 그러한 의미는 개별적인 장기 말의 움직임이 장기의 규칙을 앎으로써만 이해될 수 있는 것과 마찬가지로 텍스트를 구성하는 어떤 원칙 속에서만 이해될 수 있다고 할 때, 한 텍스트의 해석은 그것을 지배하는 구조를 밝히는 작업이어야 한다. 다시 말해서 현상학의 입장에서 말하는 텍스트 밖의 의미에 대한 이해도 우선 언어적 의미에 근거해야 하며, 그러한 언어의 의미는 언어의 구조에 의해 설명되어야 한다. 이런 의미에서 설명을 떠난 이해란 존재하지 않는다. 설명적 차원을 떠난 완전한 해석은 불가능하다. 그러나 이와는 정반대로 구조주의가 함의하는 것과는 달리 언어의 구조만으로는 의미가 있을 수 없다. 한 텍스트라는 언어가 의미를 지닌다고 전제되는 것은 그것이 텍스트 밖의 무엇인가의 표상이나 표현으로 전제되기 때문이다. 그러므로 텍스트의 의미는 그것이 표상이나 표현한다고 믿어지는 텍스트 밖의 무엇과 관계됨으로써만 생길 수 있다. 그리고 이러한 관계는 분석적 설명의 문제가 아니라 직관적 이해의 문제인 것이다.

이상의 논리가 타당하다면, 구조적 설명에 의해 밝혀진 텍스트의 의미는 현상학적 이해에 의해서 뿌리를 찾고, 동시에 후자는 전자에 의해서 객관성을 굳히게 된다는 결론에 이르게 된다. 현상학적 접근과 구조주의적 방법 혹은 이해와 설명은 해석이라는 단 하나의 공통된 과정에서 변증법적 관계를 이루는 대치 상보적 양면 혹은 두 단계를 가리키는 것에 불과하다. 그렇다면 해석에서의 '순환성循環性' 혹은 '해석학적解釋學的 순환循環'의 논리는 숙명적일 수밖에 없다. 여기서 순환성은 답보적인 것이 아니라, 변증법적辨證法的이라는 점에서 발전적 성격을 지닌다. 모든 순환의 논리가 일괄적으로 부정되어서는 안 된다.

4
텍스트의 해석과 평가, 인식의 문제

텍스트의 해석과 관련된 현상학과 구조주의, 이해와 설명, 그리고 그들 간의 관계에 대한 분석과 고찰은 인문학에 있어서 해석과 평가의 관련성, 과학성, 그리고 인문학 자체만의 영역을 넘어서 인식과 그 대상과의 관계에 관한 문제를 제기한다.

첫째, 과학의 문제와 평가의 문제는 다르다. 아인슈타인의 상대성원리가 핵무기를 가능하게 했다고 하더라도 과학의 이론으로서의 상대성원리가 옳다든가 틀리다든가 하는 문제는 그것이 어떠한 이념적 입장에서 좋다 나쁘다라는 시비와는 다른 문제이다. 상대성원리는 과학적 앎을 찾는 데 목적이 있다. 마찬가지로 학문으로서의 인문학의 문제는 인식의 문제로 제한된다. 그러므로 텍스트를 해석하는 목적은 오로지 그 텍스트가 의미하는 바를 밝히는 데 있는 것이다. 좀 더 고찰해보면 인문학에서의 텍스트 해석이란 인식 작업은 사실상 그 텍스트를 평가하고 감상하기 위한 준비 작업이다. 다시 말해 자연과학의 목적이 대상에 대한 인식이라면 인문학의 근본적 목적은 해석이 아니라 평가의 문제가 될 것이다.

해석과 평가를 떼어놓고 해석이 인식의 문제에 국한된다고 하더라도, 실제적으로 텍스트의 해석이라는 인식 자체에는 평가 작용이 개입된다. 텍스트가 지칭하는 대상이나 언어의 의도를 한 가지만이라고 단정할 수 없다면, 텍스트의 타율적 의미를 찾아내려는 현상학의 해석은 해석자의 성격, 가치관, 관심의 지배를 받을 수밖에 없다. 주관성을 배제하기 위해 텍스트를 쓴 작가의 의식보다는 텍스트 자체의 구조를 밝히려는 구조주의적 해석도 앞서 언급한 난점에서는 벗어나지 못한다. 한 생물학적 인간의 신체 구조가 공간적·생리학적·화학적·물리학적 입장에서 모두 밝혀질 수 있듯이 한 텍스트의 언어적 구조도 다양한 관점에서 밝혀지고 설명될 수 있다. 그렇지만 그것들을 각기 총괄적으로 설명하는 구조를 말한다는 것은 불가능하다. 그러므로 어떤 관점을 가지느냐 하는 것은 해석자의 주관적 이데올로기이고, 그렇기 때문에 평가적일 수밖에 없다.

둘째, 인문학에서 앎의 객관성은 자연과학에서처럼 확고하지 못하다. 왜냐하면 현상학적 직관을 극복할 수 없는 만큼, 그러한 인식은 결코 실증성에 의해 객관성을 확보하는 자연과학과는 다른 인식의 차원을 내포하고 있기 때문이다. 과학성이 실증적 객관성을 의미한다면, 인문학은 과학이 될 수 없다. 구조적 분석이 인문학의 주관성 혹은 비과학성을 수정한다고 하나 구조주의의 기수들인 바르트나 레비스트로스가 인정하듯 인문학은 결코 엄정과학嚴正科學이 될 수 없다. 다른 문제는 고사하더라도 한 작품의 구조적 분석은 여러 가지 입장으로 동시에 가능하므로 유일하고 일률적인 구조만을 주장할 수 없기 때문이다. 결국 인문학에서의 앎은 상대적이며 주관적이다. 이런 의미에서 인문학 개념 자체에 모순이 있다고 결론지을 수 있다. 그러나 이러한 문제는 과학이란 개념의 정의에 달렸다. 과학이란 말에 원래 앎이란 뜻이 있다면, 어떤 앎이 자연과학에서와 같은 실증합리성實證合理性을 갖출 수 없더라도 그것이 어느 정도의 합리성을 띠고 있다면 그러한 앎을 과학이라고 부르지 못할 까닭이 없다. 합리성이 반드시 실증성과 일치하는 것은 아니다.

셋째, 인문학의 해석에 대한 고찰은 인문학이 지향하는 이상적 앎이 절대적 진리가 있다는 것을 전제로 하는 동시에 그러한 진리는 논리적으로 결코 이루어질 수 없다는 모순을 내포한다. 왜냐하면 현상학적 이해와 구조적 설명의 변증법적 발전이라는 주장은 해석이 절대적 진리 발굴에 접근함을 내포하기 때문이다. 사실 '해석학'은 그리스 신화 속의 숨겨진 비밀을 밝혀내는 신 '헤르메스Hermes'에서 발생한 말이다. 그러한 진리를 알 수 있는 헤르메스일지라도 진리를 남들에게 그냥 드러내는 것이 아니라 해석interpretation해야만 한다면, 그러한 진리는 있는 그대로의 것, 즉 절대적인 것이 논리적으로 불가능하다는 말이 된다. 해석한다는 것은 필연적으로 원래 있던 것을 다른 것으로 바꾸는 작업이기 때문이다. 따라서 우리는 결코 원초적 진리에 도달하지 못하고 기껏해야 무한한 해석의 해석이라는 시

시포스Sisyphos나 페넬로페Penelope와 같은 운명에 처해 있게 마련일 것이다. 요컨대 진리에 대한 우리의 욕망은 사르트르의 인간적 노력처럼 헛된 노고일 수밖에 없다는 것이다. 이러한 사실은 우리에게 진리가 없다는 말에 지나지 않는다.

데리다는 현존現存présence, 즉 절대적인 진리, 예를 들면 하이데거가 알레테이아aletheia(진리)라고 부르는 '있는 그대로의 사실'을 믿는다는 것은 플라톤에서 하이데거, 그리고 구조주의자에 이르기까지 모든 철학의 근본적으로 그릇된 전제였다고 주장한다. 데리다는 오로지 해석만이 있다고 주장한다. 그리고 이러한 과격한 주장은 인문학의 앎에만 적용되는 것이 아니라 가장 엄정한 자연과학에까지도 적용된다는 것이다. 다시 말해, 데리다는 인식 일반, 진리 일반을 말하는 것이다. 이러한 주장은 비단 데리다만 제기한 것이 아니라 완전히 전통을 달리한 콰인, 굿맨, 쿤, 파이어아벤트와 같은 분석철학자들에 의해서도 제기되어왔다. 이들의 주장이 옳다면 절대적 진리에 도달하지 못한다는 말은 그 의미를 잃게 되며, 앎의 상대성에 대한 불만은 착각에 불과하다고 말해야 할 것이다. 여기서 우리는 인식 일반에 대한 근본적인 철학적 문제에 직면하게 된다. 그러나 이는 별도의 분석과 고찰이 요구되는 일이다.

6장 | 역사서술과 사관의 문제

1
인문학으로서의 역사학

역사학계에서 식민사관, 유교사관, 민족주의사관 등 사관史觀에 관한 논쟁이 있어왔고, 식민사관이나 유교사관에 대한 비판이 각별했다. 최근의 한 저서에서는 한국의 식민사관을 "한국의 역사가 외세의 지배로 전개되어왔고, 따라서 자주적 독립의 역사가 아니라 굴종과 예속의 역사"로 규정하며, 그것을 규탄해야 하는 이유는 그러한 주장이 사실과는 다르고, 우리의 민족적 자존심을 훼손하기 때문이라고 했다.

전자의 이유는 역사적 서술의 진위를 밝히는 학문적 객관성에 관계되지만, 후자의 이유는 주관적인 인간적 감정과 관계된다. 모든 학문이 그러하듯이 '역사'라는 학문은 가능한 한 주관을 초월해서 역사적 사실에 대한 진리를 객관적 입장으로 밝히는 데 있으므로, 주관적일 수밖에 없는 후자의 이유는 타당할 수 있다. 그러나 실제로 그것이 사실이냐 아니냐는 역사가의 관점에 따라 달라질 수 있는 것이므로, 그것에 대한 주장의 타당성과 비타당성은 구체적이고 실증적인 연구와 검토의 대상이 된다. 우리의 민족적 자존심과는 달리 우리의 역사가 '식민사관'이 규정한 대로의 특징과 맞을 수도 있기 때문이다. 부끄럽고 불행하게도, 만에 하나 우리의 역사가 실제로 '식민사관'에 규정한 대로였다면, 학문으로서의 한국의 역사적 사실은 오로지 '식민사관'에 입각해서만 쓰여야 하고, 그 밖의 다른 사관들, 가령 민족주의사관이나 유교사관의 틀에서 이루어져서는 안 된다.

역사서술과 사관의 관계를 분명하게 하기 위해서는 우선 학문으로서의 역사서술의 방법론과 사관의 개념 정리가 전제되어야 한다. 나는 사관을 둘러싼 논쟁을 검토함으로써 지성계, 학계 특히 국사학계, 국문학계의 방법론에 대한 근본적인 자기 반성이 있어야 한다고 생각한다.

앎의 한 형태로서의 학문의 기능은 그것이 존재론적으로 물리적 속성에 속하든 문화적 속성에 속하든 상관없이 객관적으로 존재하는 어떤 대상을 객관적으로 발견하고 서술하는 데 있다. 상식이나 과거의 인식론은 그 대상을 있는 그대로, 즉 순수한 상태에서 발견·재현·서술할 수 있다고 전제해왔다. 그러나 오늘날 그것을 문자 그대로 믿는 이는 아무도 없다. 모든 인식은 이미 존재하는 어떤 틀에 의해서 해석된다는 것이다. 모든 인식에 전제된 해석의 틀은 지각적 인식의 경우 전통이나 관례로 내려오는 이론적 선입견이며, 학문적 인식의 경우 흔히 '관점'으로 불리는 형이상학적 전제들이다. 전통이나 관례가 사회와 시대에 따라 가변적인 만큼 집단의 주관성을 반영하고 이런 점에서 지각적 인식은 주관성을 탈피할 수 없고, 형이상학적 전제가 그 진위를 절대적으로 결정할 수 없으므로 개인적·사회적·시대적 집단에 의해 가변적인 만큼 집단적 주관성을 완전히 불식할 수 없다.

학문적 앎의 주관성은 자연과학에서 인문사회과학으로 가까이 올수록, 인문사회과학에서 인문학으로 올수록 더욱 뚜렷해진다. 학문적, 즉 설명적 앎을 포함하여 지각적 앎 등 모든 앎이 그것이 제시하는 그 대상으로서의 현상 자체가 아니라는 점에서 '객관적'이기보다는 '주관적'이라는 말은 그와는 다른 뜻에서 '객관적'이지 않다는 말은 아니다. 만약 모든 앎, 즉 진리로서의 신념이 주관적, 즉 개인이나 집단의 관점과 기호에 달려 있다면, 어떤 앎에 관한 주장의 옳고 그름을 따질 수 없다. 만약 앎·진리·학문이라는 개념들이 의미를 갖고, 언제 어디에서나 앎에 대한 탐구가 계속되고, 어떤 신념들에 대한 진위眞僞가 논의되는 한, 그에 전제된 잣대로서의 객관성은 어떤 종류로든 존재해야 한다. 그것은 사물 자체로서의 객관성이 아니라 보편성으로서의 객관성이다. 분명한 것은 어떤 종류이든 객관성과 그 객관성의 기준을 전제하지 않는 앎, 즉 학문은 논리적으로 어불성설의 불가능한 개념이라는 것이다. 학문으로서의 역사의 경우도 마찬가지이다. 모든 학문이 자연과학을 모델로 삼으려고 하며, 모든 사람들이 종교적·철학적 주장보다도 과학적 주장을, 여러 과학들 가운데에서도 자연과학을 신뢰하는 것은 자연과학적 지식이 가장 높은 객관성을 갖고 있다는 믿음이 있기 때문이다.

객관성을 전제하지 않는 앎, 더 구체적으로는 학문이라는 말이 논리적으로 모순되고 어떠한 앎도 '인식과 독립된 사물 자체'라는 뜻으로서의 객관성이 내용 없는 개념이라면, 다른 뜻으로서의 앎의 객관성을 말할 수 있을까? 만약 있다면 어떤 의미로서의 객관성일까? 그것은 '명제에 대한 공감대의 보편성'이라는 뜻으로서의 객관성이다. 냉철한 반성과 끊임없는 토론을 통해서 어떤 명제는 넓은 폭의 공감대를 얻을 수 있고 어떤 명제는 전혀 그렇지 못하다. 불확정성 이론을 둘러싼 아인슈타인과 보어의 논쟁에서 볼 수 있듯이 가장 이성적이고 엄밀하다는 과학에서조차 합의가 이루어지지 않는 경우가 있기도 하지만, 과학적 명제가 거의 예외 없이 보편적인 공감대를 얻을 수 있다는 것은 부정할 수 없는 사실이다. 공감대의 보편성의 관점에서 인문사회과학의 명제가 과학의 명제에 비교할 수 없이 떨어지기는 하지만, 그렇다고 전혀 공감대를 얻을 수 없는 것은 아니다. 그 인식대상의 성격상 자연과학과 같은 보편성은 불가능하지만 인문사회과학도 가능한 보편적인 공감대를 얻을 수 있는 명제를 추구한다. 만약 그렇지 않다면, 인문사회과학은 처음부터 무의미한 개념이 될 것이다.

불행하게도 진리 탐구에 전제된 보편적 공감대로서의 객관성의 가능성은 쿤의 『과학혁명의 구조 *The Structure of Scientific Revolutions*』(1962)가 출간된 후 가장 객관적이라는 자연과학에서까지도 크게 흔들리게 되었다. 아울러 이러한 사실은 지난 20여 년 동안 확산된 포스트모더니즘으로 극명하게 드러났다. 모든 신념, 따라서 모든 진리는 문화에 따라 상대적이며, 좀 더 극단적으로 말하면 각 개인에 따라서 주관적이라는 것이다. 빛의 파동설과 입자설은 양립할 수 없지만 그것에 대한 결정적 해답은 아직 없으며, 양자역학에서의 결정론과 불확실성은 양립할 수 없지만 그에 대한 아인슈타인과 보어 간의 합의는 이루어지지 못했다. 가장 엄밀한 과학적 명제를 놓고도 객관성으로서의 보편적 공감대를 찾아낼 수 없다면 인문사회과학의 명제에 대한 보편적 합의도 거의 불가능하다는 것은 자명하다.

그러나 부정할 수 없는 사실은 자연과학은 물론 인문사회과학의 명제도 절대적이지는 않더라도 어느 정도의 객관성 즉 보편적 공감대를 얻어낼 수 있다는 점이다. 그러한 노력이 어느 정도 효과를 거둘 수 있을지는 별도의 문제로 할 때, 모든 학문은 위와 같은 뜻으로서의 보편적 명제의 도출 가능성을 전제하고 그것을 추구한다. 그렇지 않을 경우 그의 행위나 그의 작업은 학문적 작업이 아니라 일종의 자기 선전적 구호나 고함으로 변하고, 그의 주장은 자기 모순에 빠진다.

실제로 학문 분야에서만이 아니라 수많은 주장은 사물현상에 대한 세밀한 관찰과 냉철한 이성에 뒷받침된 토론을 근거로 절대적이지는 않지만 어느 정도까지의 보편성을 늘 찾아내고 있다. 역사서술의 경우도 마찬가지다. 만약 어떤 의미로든 객관성을 전제하지 않는다면, 자연과학은 물론 역사학 그리고 그 밖의 모든 학문, 더 나아가서 일상적 담론도 처음부터 불가능하다.

그렇다면 역사학 즉 역사서술은 어떤 점에서 주관적이며 어떤 점에서 객관적일 수 있을까? 이에 대한 답을 구하기 전에 먼저 역사학의 구조를 검토할 필요가 있다.

모든 학문은 각기 자신의 탐구 분야인 대상을 전제한다. 학문으로서의 역사도 마찬가지다. 자연과학의 대상은 자연현상이고, 인문사회과학의 대상은 문화현상이며, 인문사회과학의 한 분야로서의 역사학의 대상은 무한에 가까운 수의 인문사회과학적 현상들 가운데서도 역사적 사실이라는 범주에 속하는 특수한 종류의 현상이다. 그러나 역사적 현상은 관찰의 대상으로 그냥 존재하는 것이 아니라 역사가의 관점에 따른 해석에 비추어 선택된다. 그러면 역사적 현상은 어떤 기준으로 선택되는 것일까? 그 기준에는 어떤 근거가 있는 것일까? 바로 이런 점에서 역사학은 자연과학은 물론 다른 분야의 인문사회과학보다도 더 어려움이 있다.

역사학은 역사적 사실이나 현상을 선택하는 것만으로 끝나지 않는다. 아무리 많은 수의 역사적 사실을 발견·선택·수집하고 나열하더라도 그것으로 역사가의 작업이 끝나는 것이 아니다. 그것들을 어떤 일관된 관점에서 하나의 통일된 틀 안에 구성했을 때에만 비로소 역사는 서술된다. 이는 건축가가 아무리 많은 소재를 수집했더라도 그것들을 어떤 구조를 지닌 하나의 전체로서 건물을 세웠을 때에만 비로소 건축가가 될 수 있고, 많은 진주알를 수집했더라도 그것들을 조립하여 하나의 질서를 갖춘 작품으로서의 팔찌나 목걸이로 조립하지 않는 한 보석공이라 불릴 수 없는 것과 마찬가지이다.

건축가, 보석공, 그리고 역사학자의 위와 같은 최종적 작업은 모두 총체적인 재구성 작업이며, 이러한 총체적인 작업은 자연과학을 비롯한 모든 학문에서의 이론적인 작업에 비유될 수 있다. 하나의 완성된 건축물이나 목걸이라는 틀 안에서 수많은 개개의 건축재료나 진주알이 비로소 그 의미를 가질 수 있듯이, 하나의 이론의 틀 안에서만 비로소 개개의 흩어진 현상들이 각기 자신의 의미를 갖는다.

개별적 현상들에 개개의 고유한 의미를 부여할 수 있는 학문적 이론을 학문의 대상이 갖는 존재론적 성격에 따라 설명적인 것과 설화적, 즉 서술적인 것으로 양분할 수 있다. 설명적 이론의 전형적인 예는 자연과학에서 볼 수 있으며, 설화적 혹은 서술적 이론의 전형적인 예는 인문사회과학에서, 그중에서도 인문사회과학보다는 인문학에서, 인문학 중에서도 역사학보다는 철학이나 문학에서 찾아볼 수 있다. 한편 설화적 이론의 전형적 예는 위와는 정반대의 학문적 순위로 찾아볼 수 있다. 다시 말해 설화적이면서도 서술적인 학문의 가장 대표적이 바로 역사학이다.

설명적 이론은 모든 개별적 현상을 지배한다고 전제되는 인과적 법칙으로 구성되고, 그것에 비추어 연역적으로 개별적인 현상들을 공시적共時的으로 바라보고 기계적으로 설명한다. 이에 반해 설화적 혹은 서술적 이론은 통시적通時的으로 일정한 시간의 테두리 안에서 전개되고 이해될 수 있는 여러 사건과 사실들 간의 일관성 있는 관계성, 즉 이야기의 줄거리로 구성되고, 그러한 줄거리에 비추어 개별적인 사실 및 사건들을 통시적으로 서술한다.

역사학이 의도하는 것이 일정한 시간 속에서 일어난 사실이나 사건들의 의미를 해석하는 데 있는 만큼 역사적 이론은 필연적으로 설명적이 아니라 설화적 즉 서술적이며, 법칙이 해석의 토대가 된다. 따라서 자연과학의 모델을 따라 역사적 사실과 현상들을 인과적으로 설명하려는 것은 처음부터 잘못된 것이다. 이런 점에서 많은 논리실증주의자들이 시도했던 것과는 달리 자연과학의 방법론과 인문사회과학의 방법론은 논리적으로 동일할 수가 없고, 후자를 전자로 환원할 수 없다. 바로 이런 시점에서 자연과학에서와는 달리 인문사회과학 특히 학문으로서의 역사, 즉 역사서술과 사관의 관계 문제가 제기된다.

2

역사서술과 사관

세계관, 종교관, 철학관, 인생관, 국가관, 사관 등 수많은 말에서 보듯 '관觀'이라는 말이 낱말 끝에 붙어서 자주 사용된다. 이때 '관'은 각기 세계, 종교, 철학, 인생, 국가, 역사라는 대상을 서술하는 데 필연적으로 전제된 총체적 시각perspective을 뜻하며, 이는 최근 널리 유행되고 있는 패러다임에 해당된다. 똑같은 세계가 종교적 혹은 유물론적으로 각기 다른 관점에서, 똑같은 종교현상이 불교적 혹은 기독교적으로 각기 다른 관점에서 서술될 수 있다. 마찬가지로 하나의 철학적 문제가 헤겔적 혹은 분석철학적으로 각기 다른 관점에서, 하나의 인생이 쾌락주의적 혹은 염세주의적으로 각기 다른 관점에서 서술될 수 있다. 또한 국가는 플라톤적 혹은 홉스적 관점으로 각기 다른 관점에서 얘기될 수 있고, 더 나아가 역사는 종교적 혹은 토인비적으로 각기 다른 관점에서 서로 달리 서술되고 파악될 수 있는 것이다.

이때 '관'은 개별적인 것들을 통틀어 하나의 전체로서 바라보는 인식론적 시각을 뜻한다. 이러한 시각은 구체적인 개별현상들이나 사실들의 발견과 관찰에 근거하기도 하지만 그와 동시에 개별현상들과 사실들을 지각하고 분류하고 경험하고 그 의미를 파악할 수 있는 기반인 동시에 틀이기도 하다. '관'이라는 이론적 틀이 있기 전에는 어떤 대상을 설명하거나 이해하거나 인지할 수 없다.

여기서 덧붙여야 할 사실은 이 같은 총체적 시각으로서의 사관과 역사적 사건들의 관계는 후자가 전자에 일방적으로 종속된 관계가 아니라 전자가 후자에 의해서 바뀔 수 있는 상호결정적, 즉 변증법적 관계라는 것이다. 사관이 이미 주어진 역사적 사실들을 선택하고 그것들을 역사적으로 서술하는 조건이기는 하지만, 새로운 역사적 사실의 발견에 의해서 그러한 사관 즉 역사인식의 패러다임은 재검토되고 새롭게 고안될 수 있다는 것이다. 중요한 점은 일단 사관이 전제되지 않는 역사서술은 불가능하다는 사실이다. 사관은 역사를 총체적으로 보는 관점이며, 그것에 비추어 비로소 개별적인 역사적 현상이나 사실을 서술, 이해, 관찰할 수 있다. 맞든 안 맞든 사관은 역사가가 취해야 할 부수적인 존재가 아니라 반드시 갖추어야 할 필수적 존재조건이다.

어떤 사관을 갖느냐에 따라 역사적 사실이나 현상은 달리 서술될 수밖에 없다. 오천 년 동안 한반도 및 한민족에게 일어난 많은 현상, 사건, 사실들이 그동안의 한국인의 경험, 한국의 변화에 대해 어떤 총체적인 그림을 그리고 의미를 부여하느냐에 따라서 비로소 달리 규정되고 이해되고 설명될 수 있다. 통시적으로 한국 민족의 역사를 타민족에 의해 지배된 사대적 영속의 경험으로 본다면 한국의 역사를 설명하는 데 있어서 식민사관은 불가피할 뿐만 아니라 옳은 것이고, 반대로 한민족의 제국주의 팽창의 경험으로 본다면 한국의 역사를 설명하는 데 있어서 제국주의사관은 불가피하며 타당한 것이 된다. 또한 한국의 총체적 역사를 동양적 가치가 가장 승화하는 과정이었다고 본다면 한국의 역사를 설명하는 데 동양적 가치의 승화사관은 불가피하며 또한 옳을 수밖에 없다.

이러한 논리는 세계사의 서술에도 그대로 적용된다. 지구상의 개별적 국가·지역·민족의 각기 총체적 사건·현상·사실들은 통시적으로 본 인류의 모든 변화과정의 총체적 의미를 어떻게 파악하느냐에 따라 각기 다른 입장 즉 사관에서 다른 의미와 역사적 비중을 가질 수 있고, 세계사는 다르게 쓰일 수 있다. 니부어의 경우처럼 기독교 사관에 따라 혹은 헤겔의 경우처럼 형이상학적 목적론의 사관에 따라 혹은 마르크스의 경우처럼 계급투쟁의 사관에 따라 혹은 토인비의 경우처럼 '도전과 대응'이라는 사관에 따라 각기 다르게 그 의미가 해석되고, 현상이 설명되고, 세계사가 쓰여질 수 있다.

하지만 어떤 대상을 서로 갈등하는 여러 가지 관점에서 보았다면 그것이 동시에 다 옳을 수 없는 것과 같이 서로 갈등하는 사관에 의해 쓰여진 역사가 동시에 옳을 수는 없다. 학문 즉 진리의 객관적 탐구 결과로서의 역사서술은 진위의 관점에서 어느 정도까지는 객관적으로 평가될 수 있어야만 한다. 역사서술의 진위 평가는 역사적 사실 선택의 객관적 근거, 서술의 논리적 일관성과 정합성의 차원에서도 검토되어야 하지만, 더 근본적으로는 그러한 역사서술의 틀로서 역사가가 채택한 사관의 진위에 의해서 결정된다. 이런 차원에서 니부어의 종교적 사관, 헤겔이나 마르크스의 목적론적 사관, 일제시대나 군정시대의 역사가들이 갖고 있었던 식민사관, 혹은 『삼국사기』의 김부식이나 『삼국유사』를 쓴 일연이 가졌던 봉건주의적 사관이나 조선시대 역사가들이 갖고 있던 유교적 사관들에 대한 진위 여부가 검토되어야 한다. 아울러 그것에 따라 그들이 쓴 역사서술의 역사학적인 진위 즉 학문으로서의 가치가 평가될 수 있고 또한 반드시 그래야 된다.

그렇다면 사관의 진위를 가리는 잣대는 과연 무엇인가? 그 잣대는 그 사관이 구체적이고 개별적인 수많은 사실들을 얼마나 빠짐없이 그리고 얼마나 총체적으로 그리고 얼마나 일관성 있고 투명하고 선명하게 연결하여 하나의 총체적인 이야기로서 그 의미를 읽어낼 수 있게 하는가에 달려 있다. 역사학에서 전제된 거시적 이론으로서의 사관에 대한 이와 같은 검증의 논리는 자연과학 이론의 검증과정의 논리와 전혀 다르지 않다. 아인슈타인의 상대성이론이 뉴턴의 역학보다 수준 높은 이론이거나 뛰어난 학설인 근거는 전자가 후자에 비해 더 많은 현상들을 더 단순한 법칙으로 설명할 수 있다는 데 있다. 식민사관이든 그 밖의 어떤 사관이든 간에 그것의 학문적 진위나 가치는 그러한 이론이 설명해줄 수 있는 역사적 현상·사건·사실들을 얼마나 정연하면서도 의미가 통하고 설득력 있는 하나의 일관되고 체계적인 이야기로 엮어낼 수 있는가에 따라서 정해질 뿐이다. 그런데 그렇게 설명되는 한국의 역사가 한국인의 자존심을 상하게 한다거나, 한국의 희망에 찬물을 끼얹는다거나, 아니면 한국인의 가치관 혹은 정서에 어긋난다는 이유로 사관의 진위와 가치를 결정해서는 안 된다.

이런 점을 분명히 하기 위해서 두 번째 의미의 '사관'의 개념을 검토할 필요가 있다. 사관은 경우에 따라 위의 경우와 같이 역사에 대한 포괄적 인식의 틀로서의 '거대 이론'을 의미하지만 때로는 '이념'이란 의미로도 이해될 수 있다. '이념'은 흔히 마르크스의 주장대로 허위의식, 즉 객관적 근거가 없는 주관적 가치만이 투입된 신념의 뜻으로 사용되는 평가적 개념이다. 사관은 전자의 경우 모든 지각적 인식이나 설명적이거나 설화적 즉 서술적 인식에 전제된 지각이나 설명 혹은 서술에 이론적·인식론적 틀이 있듯이 역사적 사실을 서술하고 이해하는 데 전제된 관점 즉 인식의 가치중립적 혹은 객관적 틀을 지칭한다. 한편 이와 반대로, 이념의 뜻으로 사용될 때의 사관은 역사적 사실이나 현상을 보고 서술하는 역사가의 국가·사회·인생·도덕 등에 대한 자신의 가치관 즉 주관적 표현으로서의 신념을 뜻한다. 전자의 뜻으로 사용될 때 사관은 역사가가 필수적으로 가지고 있어야 하며, 모든 역사적 서술에 이미 전제되어야 하고, 역사가는 그것을 자의적 즉 자신의 기호에 따라 선택할 수 없게 된다. 그러나 후자의 뜻으로서의 사관은 역사가가 어떤 사관을 갖든 그것은 그의 자유로운 선택에 달려 있고, 우리는 그 사관의 진위를 따질 수는 있지만, 사관이 역사가의 주관적 이념의 뜻으로 사용될 때, 우리는 그것에 긍정적 혹은 부정적 반응을 나타내 보일 수는 있지만, 그것의 진위를 가리는 것은 논리적으로 불가능하다. 이념으로서의 사관은 서술적, 평가적, 인지적 개념이 아니라 정서적 개념이라는 점에서 학문으로서의 역사서술과는 전혀 무관하므로 역사서술과 역사적 명제의 진위 판단에 개입되어서는 안 된다.

   그런데도 실제로는 위의 서로 전혀 다른 두 가지 뜻으로서의 이념이라는 개념을 무의식적으로 혼동하거나 고의적으로 뒤섞는 경우가 많고, 사관이란 이름 아래 이념에 의해서 역사서술이 왜곡된 예가 적지 않다. 일본이 한국과 중국에서 범한 악독한 범죄를 은폐할 의도로 자국의 역사교과서를 조작하는 일이나, 자신의 정권을 정당화하고 자신의 정책을 강화하기 위한 전략으로 많은 역사적 사실을 고의적으로 왜곡하고 선전했던 히틀러 정권과 무솔리니 정권, 스탈린 정권 등이 위와 같은 사실에 해당하는 좋은 예들이다.

그런가 하면, 사관의 두 가지 뜻의 논리적 관계를 고의적으로든 무의식적으로든 착각하거나 혼동해서 이념으로서의 사관을 역사서술의 인식적 틀로서의 사관인 것처럼 역사서술의 진위 판단의 잣대로 삼을 가능성과 그렇게 된 실제 사례도 있다. 단순히 도덕적으로 위선적이고 배타적인 민족이라는 이유로, 아니 단순히 그들이 증오의 대상인 유대민족에 속한다는 이유로 아인슈타인을 비롯한 여러 유대계 학자들의 과학적 혹은 철학적 이론을 부정하고 배척했던 나치 정권이 그러한 좋은 예이다.

식민사관, 유교사관, 민족사관, 마르크스주의사관 등 그리고 사관 일반을 둘러싼 우리나라에서의 논쟁도 사관의 두 가지 다른 의미 즉 '인식의 이론적 틀'로서의 사관과 '이념'으로서의 사관을 혼동한 데서 생긴 것으로 보인다. 기존의 사관이 한국의 역사가 사대주의적이고 종속적 역사가 아니었으며, 조선의 역사가 군신, 부자, 양반, 상인 간의 지배와 복종의 역사가 아니었고, 한국의 오천 년 역사가 민족 번영의 역사나 지배계급과 피지배계급 간의 투쟁의 역사도 아니었다는 이유로 부정된다면, 그러한 부정의 타당성에 대한 검토가 논리적으로 가능하고 필요하며, 결과적으로 그에 따른 진위 판단이 가능하다.

하지만 만약 그러한 사관들이 각기 민족적 자존심에 어긋난다든지, 도덕적 원칙에 맞지 않는다든지, 민족적 감정에 거슬린다든지, 또는 우리가 갖고 있는 정치사회적 이념에 부합하거나 위배된다는 이유로 잘못이라고 규탄하거나 아니면 옳다고 칭송한다면 그러한 이유는 전혀 타당하지 않다. 전자의 이유가 인식론적이고 객관적인 데 반해서 후자의 이유는 이념적이고 주관적이기 때문이다. 따라서 전자의 규탄이나 칭송이 '인식론적 틀', 즉 이론으로서의 사관에 대한 것인 데 반해 후자의 규탄과 칭송은 역사서술에 반영된 역사가의 주관적 가치관 즉 이념으로서의 사관에 대한 평자의 이념적 반응에 지나지 않기 때문이다.

지각적 경험이든 과학적 이론이든, 모든 학문 그리고 앎 일반은 그 대상의 순수한 관념적 복사가 아니라 이미 하나의 해석인 것이다. 또한 모든 해석은 어떤 총괄적인 이론적 틀 안에서만 가능하지만, 한 가지 자명한 사실은 모든 학문은 어떤 대상에 대한 진리의 발견에 있고, 객관성을 '인식대상 자체'로 해석하든지 의견은 '보편성'으로 해석하든지 객관성을 전제하지 않은 어떠한 학문, 아니 어떠한 형태의 앎도 생각할 수 없다. 그러므로 학문을 탐구하거나 그것을 평가함에 있어 객관성을 강화하고 상대적으로 주관적인 즉 이념으로서의 '관'을 배제해야 한다. 다시 말해 역사가의 감정이나 가치관의 개입이 우선적으로 차단되어야 한다.

무엇이 진리이다 아니다 하는 문제는 그것이 마음에 든다 안 든다 하는 문제와는 다르다. 학문의 본질적 기능은 세상이 어떤 것인가를 밝히는 것이지 그것이 좋은가 나쁜가, 마음에 드는가 아닌가를 판단하는 데 있지 않다. 학문의 학자의 주관적 감정, 이념이 얼마만큼 제거되느냐에 비례해서, 학자가 얼마나 이성적으로 객관성을 확보하느냐에 따라서 더 큰 성과를 얻을 수도 있고 퇴보할 수도 있다.

이런 학문의 기능과 방법론적 차원에서 볼 때 지난 몇 십 년 동안 우리 사회 일반, 지식인층, 학계 특히 역사학계 그중에서도 한국사학계는 강한 이념적 풍토에 젖어 있었던 것이 아닌가 생각된다. 또한 그 이념의 구체적인 내용이 민족주의든지 아니면 마르크스주의든지 상관없이 두 가지 뜻의 사관이 구별되지 않은 상태에서 개념적 혼선을 일으키고, '이념'으로서의 사관이 '인식의 큰 틀' 그러니까 이론으로서의 사관으로 착각되었던 것이 아닌가 추측된다.

　물론 이념 자체를 부정하는 말이 아니다. 이념이 없는 지식인, 문화, 사회 그리고 인간은 존재하지 않는다. 이념은 한 인간, 한 지식인, 한 문화, 그리고 한 사회의 세계관, 인생관, 가치관의 총칭이며, 따라서 그것들의 개성, 인간적 정체성을 구성하는 본질적 요소이기 때문이다. 그러나 학문 특히 역사학, 더 각별히 한국사학의 학문적 발전을 위해서는 명제와 슬로건, 학문과 이념, 학문적 진리와 개인의 애국심, 이성과 감성, 인식과 이념의 구별에 대한 사학자의 투철한 인식이 선행되어야 한다. 이는 역사학계뿐만 아니라 인문사회학계, 정계, 문화계를 포함하여 우리사회 전 분야에 해당된다.

II. 과학의 인문학적 통합

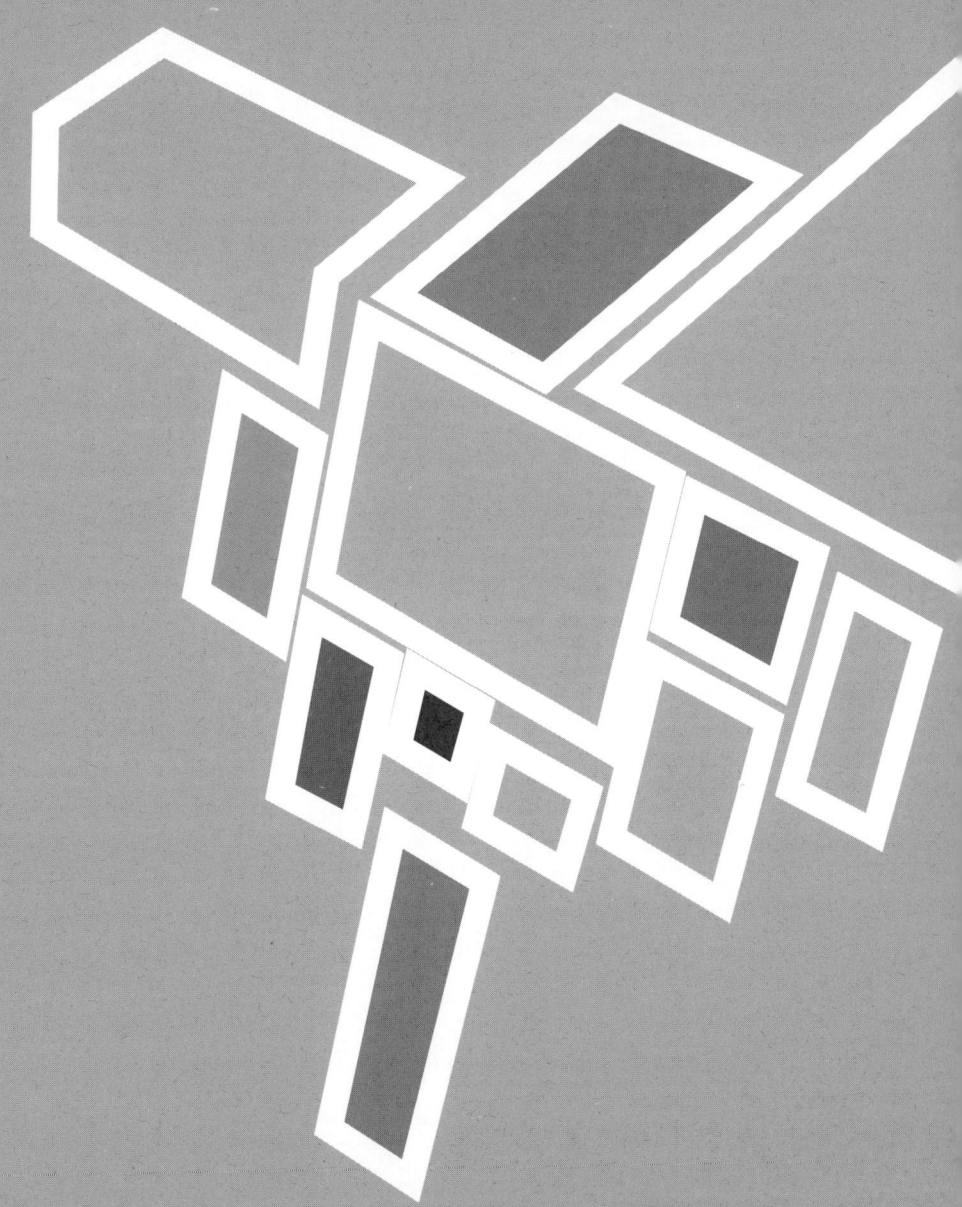

7장 | 지식의 객관성

1 머리말

철학의 궁극적 문제는 모든 것에 대한 진리를 인식하는 데 있다. 객관성의 개념이 전제되지 않은 진리의 인식은 논리적으로 불가능하며, 객관성이 배제된 철학이 불가능함은 자명하다.

'객관성'은 영어로 'objectivity', 프랑스어로 'objectivité', 독일어로는 'objektivität'이라는 낱말의 번역어로, '대상'이라고 번역되는 영어와 프랑스어 'object', 독일어 'objekt'에서 파생된 개념이다. 라틴어에 뿌리를 둔 '대상'의 어원적 의미는 인식주체로서 '주관 앞에 그 주관과 독립되어 던져진 존재'를 가리키며, 객관성은 인식대상에 관련된 명제의 사실성을 확인하는 개념이다. 우리의 의식 앞에 던져진 하늘빛을 보고 누군가가 "하늘은 푸르다"는 명제를 제시했을 때 '그 명제는 객관적이다 혹은 객관성이 있다'고 평가하는 것은 '그 명제가 맞다 곧 진리이다'라는 것을 인정하는 것이다. 이와 같이 객관성은 주관성subjectivity과 구별되어 신념에 대한 근거, 곧 인식론적으로 근거가 있음을 의미한다.

그러나 객관성은 인식론적 개념인 동시에 존재론적 개념이기도 하다. 인식은 필연적으로 행위와 논리적으로 구별되는 대상의 존재를 전제하며, 그 대상에 관한 모든 인식의 진위眞僞 판단의 궁극적 근거는 인식주체의 개인적·집단적 신념에 달린 것이 아니라 대상의 존재론적 속성 자체에 달려 있기 때문이다. 이런 점에서 객관성은 어원적으로 인식주체와 독립해 존재하는 것으로 전제되는 '대상'의 속성, 곧 '대상성objectivity'이며, 더 정확히 말하면 대상의 실체성을 가리키는 개념이다. 이 경우에 객관성은 인식 판단의 진위와 상관없지만, 인식행위에 이미 전제된 인식대상의 형이상학적 속성과 존재 양식을 확인하는 존재론적 개념이다.

이와 같이 두 가지 차원에서 본 객관성의 개념은 한편으로는 명제proposition, 판단judgment, 진위truth·falsehood, 타당성validity, 정당화justification, 경험주의empiricism, 합리주의rationalism, 상대주의relativism, 보편주의universalism, 선험주의transcendentalism, 직관intuition, 이성reason 등 여러 인식론적 개념들과 긴밀하게 얽혀 있고, 다른 한편으로는 실재reality, 현상appearance, 실체substance, 현상phenomena, 본질essence, 존재existence, 본체entity, 이데아idea, 마음mind, 물질matter, 보편자the universal, 개별자the particular, 단독자the singular, 관념론idealism, 유물론materialism, 일원론monism, 이원론dualism, 다원론pluralism, 형이상학metaphysics 등과 같은 존재론적ontological 개념들과 복잡하게 얽혀 있다.

인식은 반드시 무엇에 대한 인식이며, 반대로 무엇인가로 인식되지 않은 존재는 공허한 낱말에 불과하다. 그러므로 인식의 객관성은 존재의 객관성을 떠나서 성립할 수 없으며, 거꾸로 존재의 객관성은 인식의 객관성을 떠나서 성립할 수 없다. 이와 같이 인식론과 존재론은 불가분의 관계지만, 그 두 가지 철학적 영역은 서로 구분된다. 인식론적 객관성과 존재론적 객관성은 각기 다른 맥락에서 다른 의미를 지닌 채 다른 형태로 제기되고 규정된다.

이처럼 객관성은 철학적 사유만이 아니라 학문적·일상적 담론에 이미 논리적으로 함축되어 있다. 서양철학에서 객관성의 문제가 철학의 차원에서 본격적으로 제기된 것은 철학을 존재론, 즉 '무엇인가에 대한 믿음의 선언'에서 인식론, 즉 '존재론적 믿음의 준거'에 관한 문제로 전환한 데카르트로부터였다. 서양문명과 더불어 서양철학이 수입되기 한 세기 전 동양철학에서는 객관성에 대한 논의는 물론 그러한 개념을 지시하는 낱말조차 존재하지 않았다. 이는 비단 철학에서만이 아니라 문화의 모든 영역에서도 그다지 다르지 않다. 오늘날 우리는 좋든 싫든 여러 차원에서 이미 서양식으로 생각하고 서양식으로 변해가면서 서양식으로 살게 되었으며, 철학에서는 물론 일상적 담론에서도 '객관성'이라는 말을 보편적으로 사용하게 되었다. 객관성의 개념이 서양 사유의 산물이고 서양철학에서 논의되었음을 인정할 때 '객관성'에 대한 철학적 개념 규정은 서양철학사의 틀에서 그 서양철학자들의 사유에 비추어서만 가능할 것이다. 이러한 논리는 이 개념의 해설을 위한 단편에서도 그대로 적용된다.

2
인식론적 개념으로서의 객관성

'객관성'이 철학의 핵심 문제로 자리하고 철학적 담론의 중심이 인식의 객관성에 집중하게 된 것은 17세기에 이르러 철학의 인식론적 전환에 따른 것이었다. 이는 근대 철학의 아버지로 불리는 데카르트로부터 비롯했지만, 소크라테스와 플라톤을 서양철학의 시조라 한다면, 객관성의 문제는 철학이 태동한 고대 그리스로 올라가며, 그때 이미 발견되었다고 하겠다. 소크라테스와 플라톤의 철학적 사유는 객관적 앎episteme과 주관적 신념doxa의 차이를 의식하고 그 차이를 구분하는 기준을 발견함으로써 주관적 신념으로서 의견의 차원을 넘어 모든 것에 대해 객관적 믿음을 통해 앎에 도달하려는 요청에서 생긴 것이기 때문이다. 서양철학에서 철학의 문제는 곧 앎의 문제이며, 앎의 문제는 객관적 근거가 있는 신념에 도달하는 방법을 제시하는 인식론적 문제였다.

앎knowledge과 신념belief은 다르다. 모든 앎은 필연적으로 일종의 신념이지만, 신념이 자동적으로 앎은 아니다. 코페르니쿠스 이전의 모든 사람들이 천동설을 믿었다고 해서 코페르니쿠스 이전의 모든 사람들이 태양과 지구의 관계를 알았다고는 말할 수 없다. 각기 그 믿음이 자신들에게 아무리 확고해도 사정은 마찬가지이다. 그들이 믿는 각각의 내용이 사실과 맞지 않을 수도 있기 때문이다. 앎은 사실과 맞는 믿음, 곧 진리에 대한 믿음이며, 그냥 신념은 그 내용이 불확실한 믿음이다. 앎이 진리로서 권리를 주장하려면 그 주장은 누구에게나 그리고 언제나 객관적 근거를 바탕으로 설득력이 있어야 하지만, 신념은 단순한 의견으로서 객관적 근거가 불분명한 믿음이다. 객관성만이 의견과 앎, 그냥 신념과 근거가 있는 신념을 구별해서 판단하는 기준, 규범, 준거가 된다.

모든 철학의 문제는 직접적이든 간접적이든 인식론과 맞물려 있다. 철학에서 인식론이 직·간접적으로 진위 판단의 객관성 문제로 귀착되는 것은 불가피하다. 인식론적 맥락에서 보면 '객관성'이란 말은 예를 들면 '하늘은 푸르다' 혹은 '전체는 부분보다 크다'는 명제를 두고 그 진위를 판단할 때, 그 판단의 근거로 제시되는 개념이다. 한 명제를 두고 '객관성이 있다' 또는 '객관성이 없다'고 말하는 것은 그 명제에 대한 '진위 판단의 근거가 있다'는 것과 같다.

객관성의 개념을 명확히 규정하기란 그리 쉽지 않지만, 다음과 같은 여러 가지 정의들을 차례로 살펴보고, 그 타당성을 검토해보자.

1) 인식론적 객관성은 대상에 대한 인식의 진위 준거로서 인식의 속성에 대한 실재성을 말한다

누군가가 "하늘은 푸르다"고 말했을 때 이 명제가 참이라면, 그의 믿음이 주관적 느낌과 생각과는 상관없이 인식대상인 하늘의 '푸른색' 자체에 근거해야 한다. 이때 믿음의 주체가 개인이든 집단이든 사정은 달라지지 않는다. 앎이 필연적으로 무엇인가의 속성에 대한 일종의 신념이라면 그 신념은 필연적으로 앎의 주체로서 어떤 개인이나 집단의 주관적 신념이지만,

그 앎으로서 신념의 내용은 그러한 인식적 주관과 논리적으로 구별되며 독립적으로 존재한다. "하늘은 푸르다" 혹은 "전체는 부분보다 크다"는 명제들이 앎, 곧 하늘 또는 전체와 부분 사이의 관계에 대한 정보라면, 그 정보의 진위는 그러한 진술을, 한 개인과 집단의 주관적 의식·생각·취향 등에 따라 결정되는 것이 아니라 주관과 독립적으로 존재하는 인식대상으로서 객관적 '하늘의 색깔' 혹은 '전체와 부분' 사이의 객관적·논리적 법칙 자체에 비추어볼 때에만 결정될 수 있다.

이러한 점에서 객관성은 주체와 객체를 전제하는 인식행위에서 객체의 속성을 가리키며, 주어 subject와 술어 predicate의 문법적 구조를 벗어날 수 없는 명제를 구성하는 주어를 가리킨다. 인식에서 옳고 그르다는 것이나 명제에서 진위의 근거에 객관성이 있다는 것은 주어에 앞서 (인식행위의 주체와 객체 관계에서) 객체가, 그리고 술어에 앞서 (명제의 주어와 술어의 관계 속에서) 주어가 인식·명제의 진위 판단에 궁극적 근거가 되어야 한다는 말이다. 이는 인식행위에서 인식주체가 인식대상에, 인식명제에서 술어가 주어에 종속되어야 함을 말한다. 이러한 점에서 객관성은 인식의 문제, 즉 무언가에 대한 궁극적 진리를 발견하는 철학적 행위에서 가장 중요한 개념이다. 궁극적으로 철학의 문제 해결은 객관성에 달려 있기 때문이다.

인식과 인식론적 객관성의 개념에 관한 이러한 통찰은 오래전부터 알게 모르게 상식 속에 깊이 깔려 있었고, 동서를 가릴 것 없이 오랫동안 대부분의 인식론에서 자명한 사실로 전제되었다. 어떤 지각대상을 보고 '저것은 개다'라고 여기는 것이나 전체와 부분의 관계에서 '전자는 후자보다 크다'라고 여기는 것 등을 볼 때, 그들 믿음이 감각적 존재와 논리적 존재의 사실성에 바탕한다는 것은 누구에게나 자명한 사실로 받아들여지기 때문이다. 세계에 관한 우리의 언어 사용과 의사소통은 이러한 신념을 전제할 때에만 가능하다.

한편으로 모든 인식에서 인식주체와 그 대상 사이의, 다른 한편으로는 모든 명제에서 주어와 술어 사이의 위와 같은 주종적·논리적 선후관계에 대한 상식적 신념은 그 어떤 사유보다도 반성적이라는 철학에서도 마찬가지이다. 이는 플라톤에서부터 후설의 현상학과 카르납의 논리실증주의 그리고 하이데거에 이르기까지 지배적인 신념이었다. 이러한 신념은 오늘날까지도 자연과학자는 물론 많은 철학자들 사이에서 힘을 발휘하고 있다. '저것은 개다'라는 인식이 진리일 수 있는 근거는 그 명제의 내용이 인식주체와 독립해 존재하기 때문으로 플라톤의 경우 '이데아idea-개', 후설의 경우 '본질eidos-개', 카르납의 경우 '감각질료sense data-개', 하이데거의 경우 언어 이전 상태로서 '현현aletheia-개'이기 때문이다.

그러나 인식의 진위 판단 근거가 객관성에 있고, 인식의 객관성이 인식자의 신념이 아니라 인식대상 자체에 있으며, 인식적 명제의 진위 판단에서 술어가 주어에 맞춰져야 한다는 주장은, 다시 말해 플라톤의 '이데아-개', 후설의 '본질-개', 카르납의 '감각질료-개', 하이데거의 '현현-개' 등을 제시하는 것은 그것들을 공적 차원에서 동일하게 알아내고 규정할 수 있는가에 대한 긍정적 답이 나오지 않는 한 공허할 뿐이다. 즉 '객관성'이라는 말은 공허한 말이다. 왜냐하면 인식의 객관적 대상으로 전제되는 '이데아-개', '본질-개', '감각질료-개', '현현-개'는 철학자에 따라 다르게 파악될 수 있기 때문이다.

이와 같이 인식의 객관성을 규정할 때에 드러나는 일반적인 문제는 그 주장이 무한소급적으로 동어반복적이라는 데 있다. 다시 말해서, 한 인식 대상의 객관성을 규정하는 근거로서 대상에 대한 인식 자체의 객관성을 새롭게 규정하는 문제가 꼬리를 물고 제기되기 때문이다. 이러한 문제에 대한 답으로 인식자의 신념과 관련해 플라톤, 데카르트, 후설에서 발견할 수 있는 '자명성 self-evidence'을 제시할 수 있다. 이 철학자들은 나름대로 신념의 확실성을 제시했는데, 그 가운데서 직관의 자명성을 강조한 데카르트와 후설이 대표적 인물들이다. 객관성에 대한 이러한 규정에 따르면, 눈앞에 있는 개가 여우나 늑대가 아닌 '개'인 것의 객관적 근거는 나의 확신에 있다는 것이다. 이러한 인식론을 합리주의라 하는데, 여기에서는 이성의 절대적이며 보편적인 인식능력 그리고 그것의 인식적 권위에 대한 절대적 신뢰가 전제되어 있다.

이러한 합리주의적 인식론은 적어도 두 가지 문제를 안고 있다. 첫째, 확신이 주관의 심리적 강도에 불과한데다 주관의 확신 내용이 개인이나 집단에 따라 가변적이란 점이다. 다른 사람이나 다른 집단은 동일한 것을 바라보고도 개가 아니라 여우나 늑대라고 똑같이 확신할 수 있기 때문이다. 둘째, 이러한 사실은 인식의 객관성 혹은 인식의 진위를 결정할 보편적인 잣대가 존재하지 않는다는 결론을 논리적으로 함축한다는 점이다. 그러나 우리의 실천적 삶은 언제나 어떤 믿음에 대한 진위 결정을 요구하며, 그러한 요구는 그렇게 결정할 수 있는 잣대가 존재할 가능성을 함축하고 있다. 여기서 우리는 프로타고라스와 칸트를 만나보아야 한다.

2) 인식의 객관성은 인식대상 자체의 속성이 아니라 인식주체인 인간이 보편적으로 지니고 태어난 인식조건으로서의 선험적 인식의 범주와 정합한 대상의 합리적 구성 상태를 가리킨다

의식은 사물을 있는 그대로 반영하는 거울이 아니라 사물을 선험적 틀에 따라서 구성하는 활동이다. 의식대상은 각기 종에 따라 생물학적·역사적·문화적으로 정립된 의식구조에 상대적이다. 이러한 의미에서 '인간은 만물의 척도'라는 프로타고라스의 통찰은 놀라운 것이다. 눈앞에 전개되는 동일한 대상 앞에서 인간은 하늘, 땅, 산, 도시, 개, 사람, 책상, 컴퓨터로 파악하고 노란색, 푸른색 등으로 구분하지만, 파리, 개, 새 등은 전혀 다른 것들을 본다. 인간이더라도 보통 사람은 색깔을 구별할 수 있지만, 색맹은 색을 구별하는 데 혼란을 겪는다.

이러한 사실은 인식대상이 그것을 보는 인식주체의 의식구조에 따라서 크게 달라진다는 것, 즉 인식이 객관적 대상에 따라서만 결정되는 것이 아니라 인식주체의 의식구조에도 크게 의존함을 함축한다. 그렇다면 인식의 진위를 결정하는 기준과 근거로서 객관성은 인식주체에서 독립된 대상에서 찾을 수 없다는 말이 된다. 인간에게 객관성은 인간화한 객관성이며, 인간이 인식하는 세계는 인간에 따라 구성된, 인간이라는 종의 의식구조에 비춰서만 의미를 가지는 객관성이다. '절대적 객관성'이란 공허한 개념이다. 그러므로 객관성은 개인이나 집단이 지닌 신념의 확고함과는 상관없이 인간의 보편적 의식의 양식에 비춰본 한 개인 혹은 집단의 인식적 정합성을 규정하는 문제가 된다.

프로타고라스의 놀라운 통찰력이 남긴 이러한 문제는 칸트의 선험주의적 인식론으로 말미암아 더욱 구체적으로 이론화된 해결책을 보게 되었다. 칸트에게 인식이란 대상이 마치 거울처럼 의식에 비친 상태가 아니라 인류가 선천적으로 모두 공유하는 공간과 시간이라는 두 개의 선험적 직관형식form of intuition과 사물을 인지하고 서술하는 조건으로서 12개의 선험적 범주transcendental categories라는 틀에 대상을 짜 맞추는 작업이다. 칸트에 따르면 우리가 감각적으로 인식하는 존재들은 존재 자체, 즉 플라톤의 이데아와 같은 형이상학적 실체가 아니라 인간이 자신의 감각기관과 의식구조의 합작으로 만들어낸 현상의 개념적 작품들에 지나지 않는다. 공간, 시간, 원인, 결과, 양, 질, 크기 등은 객관적 세계의 일부가 아니라 직관의 형식과 인식의 선험적 오성悟性understanding/Verstand의 구조이다. 즉 개나 사람은 인간의 의식구조와 독립해 그 자체로 존재하는 의식 밖의 실체가 아니라 '개'나 '인간'이라는 범주의 틀에서 구성된 의식의 산물인 것이다. 인식의 객관성은 인식주체와 독립된 어떤 실체에 있는 것이 아니라, 인식의 선험적 형식과 오성의 범주들을 적절히 적용한 것에 불과하다. 이러한 점에서 칸트의 인식론은 그 이전의 플라톤이나 데카르트로 대표되는 대상 중심의 전통적 인식론과는 정면으로 대립한다. 이는 주체와 객체의 관계가 전복된 인식주체 중심적 인식론, 더 정확히 말하면 인간의 의식 중심적 인식론이다. 인식에 있어 주체와 객체의 관계를 뒤집었다는 점에서 칸트의 인식론은 지구와 태양의 관계를 뒤집은 코페르니쿠스의 지동설과 마찬가지로 혁명적이다. 그들이 이룩한 혁명에 차이가 있다면, 코페르니쿠스의 혁명이 지구 중심에서 객체인 태양 중심으로 관점을 뒤집은 것이고 칸트의 혁명은 대상 객체 중심에서 인간 주체의 중심으로 관점을 뒤집은 것이라고 말할 수 있다.

칸트의 선험적 인식론의 관점에서 볼 때, 직관의 형식과 이러한 적용이 인식에 대한 객관성의 조건이 되는 것은 그러한 조건들이 보편적이므로 인간이라면 누구나 언제 어디에서나 항상 공감할 수 있기 때문이다. 그러한 결과로 나타난 인식은 개개인의 생물학적, 문화적, 사회적, 역사적 차이를 초월하여 동일할 수밖에 없다. 선험주의 철학에 따르면 인식의 객관성은 항상 인간의 관점에서 본 객관성이다. 이는 필연적으로 인간 주관의 산물일 수밖에 없지만, 그 주관성이 개별 경험에서 나오는 것이 아니라 종으로서 인류에 공통된 보편적 오성으로서의 주관이므로 그러한 점에서 객관적인 것이다.

칸트의 선험철학은 잘 알려진 대로 그가 마주한 양립할 수 없는 두 가지의 신념을 조화시켜 극복하려는 목적으로 구상된 것이다. 한편으로 그는 경험과학적 거대 이론인 뉴턴 역학의 절대적 진리를 의심할 수 없었고, 다른 한편으로는 현실에 대한 의미 있는 지식은 반드시 경험에 바탕을 두어야 하지만, 그러한 경험적 지식도 절대적일 수 없다는 경험주의자 흄의 합리주의에 대한 비판도 의심할 수 없었다. 그러나 두 신념은 기존의 지평에서 볼 때 양립할 수 없다. 칸트의 인식론적 혁명은 이러한 딜레마를 극복하고 두 가지 신념을 조화하기 위해 고안된 놀랍고도 신선한 철학적 시도였다.

칸트의 선험철학은 당시까지 누구도 의심하지 않았다. 그의 철학은 뉴턴의 역학에서 전제되는 시간과 공간의 절대성 및 인간 본성의 영원불변성을 전제로 한다. 그렇지만 두 전제는 아인슈타인의 상대성이론과 보어의 양자역학 그리고 최근 분자생명과학과 인지과학으로 인해 뒤집혔다. 칸트의 선험주의 인식론과 그것에 함축된 인식적 객관성의 근거에 대한 주장은 더 이상 만족스러운 설득력을 발휘할 수 없게 되었다. 인식의 근거와 조건으로서 객관성에 대한 새로운 이론이 불가피해진 것이다.

이러한 맥락에서 경험주의의 한 형태로서 실증주의와 논리주의가 등장했으며, 지식의 객관성을 과학적 방법론으로 모색해야 한다는 논리실증주의가 득세하게 된다.

3) 인식의 객관성이란 논리적 법칙 또는 과학적 방법에 상응하는 절차를 밟은 신념을 가리킨다

논리실증주의에서 말하는 앎이란 필연적으로 인간에 따른, 인간이 본 세계에 대한 서술이다. 그런 만큼 앎의 객관성도 필연적으로 인간이 생각할 수 있는 객관성이며, 그러한 측면에서 객관적 앎은 가능할 뿐만 아니라 실제로 존재한다. 논리실증주의자들에 따르면 그러한 앎의 유일한 예는 플라톤과 데카르트를 비롯한 과거의 많은 철학자들과 종교 신자들이 확신했던 것과는 달리 철학적·종교적인 앎, 곧 철학적·사념적·고백적 앎이 아니라 구체적인 관찰과 논리적 유추로 구성된 이른바 '과학적 방법'에 따라 획득된 앎, 시간과 장소의 차이와는 무관하게 모든 인간에게 동일한 방법으로 진위가 검증되는 앎이다. 그리고 이러한 앎의 객관성은 철학적 직관이나 종교적 신앙 또는 칸트의 선험적 의식구조에 따르는 것이 아니라 오로

지 과학적인 지식 창출의 방법에서만 찾을 수 있으며, 그러한 앎은 절대적인 것이 아니라 언제라도 그것을 포기하거나 수정할 수 있는 잠정적·한시적인 것이다. 논리실증주의에 따르면 그러한 성격이 동어반복적인 탓에 내용상 공허한 논리적 지식을 제외하고는, 구체적 대상과 현상에 관한 정보를 담은 내용이 있는 앎은 필연적으로 항상 수정을 위해 열려 있는 비절대적 앎이다. 절대적 앎은 과학적 지식이 아니며, 오직 부정될 수 있는 불확실한 앎만이 과학적 지식이다. 오직 과학적 지식만이 참다운 의미에서 앎이라면, 앎은 종교나 철학에서 말하는 지식이나 진리와는 달리 본질적으로 비절대적 앎이다.

과학적 지식의 객관성, 즉 참됨·진리를 과학적인 방법에서 찾을 수 있다면, 그 주장의 근거는 어디에 있을까? 이에 대한 논리실증주의자의 답은 간단하다. 과학적 지식만이 비교적 확실한 예측을 가능하게 하고, 우리는 그러한 예측을 바탕으로 기술을 쌓으며, 기술의 도움으로 우리는 우리가 하고자 하는 일을 가장 효율적으로 해낼 수 있기 때문이라는 것이다. 이러한 과학적 지식의 예측 가능성과 그러한 예측의 실용성·적용성은 과학적 지식이 관념적 산물이라고 해도 그 관념이 대상과 일치함을 말해준다. 그러므로 그러한 관념이 표상하는 구체적인 세계는 주관의 상상물이 아니라 시간적·공간적 맥락과 그 밖의 여러 문화적 맥락을 초월한 영역에서, 마치 플라톤의 이데아처럼 영원불변한 상태로 존재하는 세계의 상으로서 객관성의 존재를 함축한다고 말할 수 있다. 이러한 논리에 비춰볼 때 과학적 앎은, 더 정확히 말해서 과학적 앎을 가능하게 하는 과학적 방법론은 앎의 객관성을 결정하는 절대적 잣대가 된다고 주장할 수 있다.

이러한 과학적 지식의 객관성에 대한 해석은 영원히 불변하는 과학적 방법의 존재에 대한 신념을 함축한다. 즉 과학이 보여주는 엄격한 인과관계로 엮어진 세계가 그러한 세계를 서술하는 과학적 방법과 과학자의 의도와는 상관없이, 완전히 독립된 영원불변의 형태로 존재한다는 신념을 함축하는 것이며, 과학적 지식의 축적적 발전에 대한 신념을 함축하는 것이다. 하지만 문제는 신념의 근거가 과연 무엇인가 하는 물음이 제기될 수 있다는 점이다. 여기서 우리는 인식의 중심을 인식대상이 아니라 인식주체에 둔 프로타고라스와 칸트를 다시 만나게 된다. 앞서 언급했듯이 이들은 인식의 중심을 인식대상에 두는 플라톤·데카르트·후설·카르납와 대조된다. 다른 한편으로, 우리는 인식의 선험조건으로 칸트의 오성의 범주라는 개념 대신, 핸슨의 언어적 선험조건으로 지각의 이론적재성 theory-ladenness of perception과 쿤의 과학적 인식의 패러다임 의존성 paradigm-dependance이란 개념들과 마주치게 된다. 칸트가 말하는 오성의 범주란 인식의 객관성에 대한 불변하는 잣대이지만, 핸슨과 쿤에서 볼 수 있는 개념들은 인식의 객관성에 대한 가변적이고 다원적인 잣대이다.

4) 인식의 객관성이란 크고 작은 언어공동체가 특정한 목적을 수행하기 위해 무의식의 차원에서 역사적으로 구성한 인식의 다양한 틀, 즉 개념적 패러다임에 논리적으로 정합한 인식적 판단을 가리킨다

미국의 언어학자 워프는 일찍이 인디언 호피족의 언어와 그들의 세계관의 관계에 대한 실증적 연구를 거쳐, 한 인간의 사유와 인식, 세계관은 그가

사용하는 언어에 따라 사뭇 달라진다는 것을 입증했다. 우리가 '눈(雪)'이란 단 하나의 낱말로 묶어 바라보는 자연현상을 호피족은 10개 이상의 다른 자연현상으로 구별하고 그것을 각각 다른 말로 부른다. 이러한 사실은 한 사람 또는 한 공동체의 세계관과 그 사람 혹은 그 공동체가 사용하는 언어 사이에 뗄 수 없는 인과적 관계가 있음을 입증했다.

철학자 핸슨에 따르면 과학과 철학의 모든 이론적 앎에 전제된 대상의 지각적 인식은 대상을 있는 그대로인 물리적 반영으로 투영하는 것이 아니라 인식주체가 이미 지니고 있는 사물을 보는 틀, 곧 일종의 암묵적 거대 이론인 세계관으로 말미암아 달라지는 것이다. 언어와 문화를 떠난 이론이란 있을 수 없음을 전제할 때, 이러한 가장 원초적 인식 양식인 지각에서조차 인식은 칸트의 이론처럼 선험적으로, 즉 생물학적 종으로서 모든 인간에게 보편적으로 결정되는 것이 아니라 언어적·문화적으로 따라서 가변적으로 결정되는 것으로 보아야 한다. 그렇다면 지각적 인식의 객관성은 인식 대상에 비춰서가 아니라 지각의 조건으로서 이론과의 정합성에서만 찾을 수 있게 된다. 인식주체가 이미 지니고 있는 이론은 가변적이고 다양할 수 있음을 전제할 수밖에 없는 이상, 동일한 대상에 대한 지각의 진위도 인식주체가 선택한 이론에 따라서 상대적이며, 다양할 수밖에 없는 것이다.

과학사를 연구한 쿤은 한 걸음 더 나아가 보편적 객관성을 갖고 있다고 자처해온 과학적 지식의 경우에도 사정은 다르지 않다고 주장했다. 그에 따르면 첨단 물리학을 대표하며 모든 과학적 사유의 가장 거시적인 패러다임으로 자리하는 아인슈타인의 상대성이론과 보어의 양자역학은 서로 양립할 수 없다. 동일한 물리현상도 그중 어느 것을 선택하느냐에 따라 다른 존재로 파악된다. 언어 또는 개념 체계와 세계관에 이러한 밀접한 관계가 있다는 것을 부정할 수 없다. 이런 관점에서 볼 때 과학에서조차 "패러다임이 자연을 구성한다 Paradigm is constitutive of Nature"는 쿤의 명제, 즉 개념적·이론적 패러다임을 떠난 자연·존재·대상을 생각할 수 없다는 주장은 그것이 아무리 상식과 상충되더라도 합당한 것을 인정하지 않을 수 없다.

인식론과 관련된 이러한 이론들은 다음의 두 가지 명제를 함축한다. 첫째, 인식의 객관성, 즉 인식의 진위를 결정하는 잣대는 플라톤과 후설의 경우와 같은 인식대상, 데카르트의 경우 같은 인식자의 확신, 또는 카르납의 경우같은 과학적 방법이 아니라, 언어로 구성된 이론적 인식 패러다임이라는 명제를 꼽을 수 있다. 그것이 함축하는 두 번째 명제는 칸트의 선험철학이나 카르납의 과학적 방법론과는 달리 객관성의 잣대는 보편적인 단 하나가 아니라 무한히 존재할 수 있고, 진리는 절대적이 아니라 상대적이라는 것이다. 이러한 철학적 사상의 흐름 속에서 『방법에의 도전 Against Method』 (1975)을 쓴 파이어아벤트가 논리실증주의에 반기를 들며 과학적 방법을 정면으로 공격했고, 미국의 철학자 로티, 데리다, 푸코와 같은 포스트모더니즘의 대표적 기수들은 모든 주장의 불확실성, 모든 진리의 극단적 상대성, 그리고 궁극적으로 인식론에서 '객관성'이라는 개념의 공허함을 주장하게 되었다.

5) 인식의 객관성은 하나의 언어적·관념적 환상으로서, 권력들 사이의 갈등과 투쟁에서 우위를 차지한 개인 및 집단의 관점과 처지에 불과하다

인식이 객관적인 세계의 재현이고 철학이 가장 포괄적이며 근원적 인식 양식이란 생각은 동서고금을 통해 끊이지 않고 있어온 전제였다. 이러한 인식의 전제 속에는 어떤 대상의 인과적 반영으로서의 인식, 곧 '자연의 거울로서의 철학'이라는 관점이 담겨 있다. 로티는 저서 『철학과 자연의 거울 Philosophy and the Mirror of Nature』(1979)에서 이러한 인식론을 비판했다. 로티는 철학의 정의를 면밀한 논증을 바탕으로 비판함으로써 철학적 앎의 특수성과 권위 그리고 플라톤에서 시작해 분석철학에 이르기까지 철학이 추구하고 주장했던 영원불변한 진리의 발견이 허망한 망상이라고 주장했다. 로티에 따르면 철학적 담론은 다른 담론들과 마찬가지로 특정한 자연적·문화적 조건 아래에서 다른 사람들과의 오해를 풀기 위해 서로 의식하고 화해를 도모하는 수단으로서 대화 방식에 불과하며, 이러한 점에서 문학·역사·정치·과학 등의 담론과 근본적으로 차이가 없다. 이러한 맥락에서 영원불변하는 철학적 진리나 인식의 객관성 등의 문제는 답을 찾을 수 없을 뿐만 아니라 큰 중요성을 갖고 있지도 않다.

푸코에 따르면 진리란 시대·장소·맥락에 따라 변하는 것으로, 이른바 강자와 약자 사이의 지배와 복종이라는 힘의 역학적 구조에 따라 인위적으로 형성된 '앎의 체제 régime de savoir'이며, 이로 말미암은 사회적 지배계급의 입장에서 본 관점에 불과하다고 주장했다. 이러한 점에서 진리와 힘, 인식과 권력은 불가분의 관계에 있는 것이다. 이와 같이 힘과 권력에 지배되는 세계에서 관조적 세계의 발견으로서 인식활동과 그 대상으로서 진리, 특히 객관성의 문제는 이성적으로 해명될 수 있는 지적 문제가 아니라 힘의 논리에 따라 정치적으로 결정되는 것이므로 객관성은 별로 중요하지 않은 공허한 개념에 불과한 것으로 드러난다.

　데리다는 이러한 측면을 더욱 적나라하고 극단적으로 표출했다. 그는 기존의 모든 철학적 텍스트들에 깔려 있는 언어와 그 표상 대상과의 관계에 대한 철저한 천착과 비판적 통찰 작업을 거친 뒤, 어떠한 경우에도 인간은 언어의 한계를 넘어 대상 자체를 직접 만나거나 그것을 표상할 수 없음을 주장했다. 언어적 의미는 언제나 애매모호하고 유동적이며 불확실하다는 것이다. '텍스트 바깥에는 아무것도 없다'는 그의 유명한 말은 언어와 그 지시 대상 사이의 관계 규정의 불확실성에 관한 그의 철학을 압축해 표현한 것이다. 모든 믿음이 미결정적이며, 어떠한 진위 판단도 있을 수 없다. 텍스트와 관련한 모든 문제의 해석과 그것에 대한 가치판단은 무한한 다양성을 향해 열려 있으며, 끝없는 논쟁의 대상으로 남아 있을 뿐이다. 이러한 맥락에서 볼 때 인식의 객관성과 관련해서는 그 낱말은 물론 개념조차도 성립될 수 없는 것이다.

　그렇다면 우리의 신념과 언어의 의미는 무정부적인가? 진정 우리가 언어의 감옥 속에 완전히 갇혀 있어 언어 이전의 객관적 대상·세계·존재와는 도저히 만날 수 없는가? 그렇다면 객관적으로 존재한다는 것은 무슨 의미인가? 존재론적 객관성은 일반적으로 인식행위와 그러한 행위에 전제되면서 차별화한 대상의 실재성을 가리키며, 다음의 몇 가지 방식으로 규정할 수 있다.

3
존재론적 개념으로서의 객관성

1) 객관성이란 확고한 신념의 내용이다

물, 나무, 바위, 고양이 같은 지각대상이나, 부처의 탄생, 빅뱅, 6·25 전쟁, 일본의 패전, 대한민국의 독립 같은 역사적인 사건들이나, 중성자, 쿼크, 상대성이론, 양자역학, 진화론 같은 과학 이론이나, 플라톤의 형이상학적 이데아, 데카르트의 생각하는 자아, 칸트의 선험적 오성, 헤겔의 정신Geist, 피타고라스의 수학적 공리 등 추상적인 실체나, 기독교의 신 야훼, 불교의 서방정토, 그 밖의 종교의 신 등과 같은 종교적 대상들을 인식한다고 했을 때 그 모든 대상들의 환상, 개념적 가공물, 상상의 산물이 아닌 인간의 인식행위와는 무관하게 존재한다고 믿는 나의 신념은 확고할 수도 그렇지 않을 수도 있는 것이다. 내가 인식하는 대상의 객관성은 그러한 내 신념의 단호함을 가리키는 것일 수 있다.

그렇지만 아무리 단호하더라도 신념은 필연적으로 주관적이며, 모든 주관적 신념은 개인은 물론 인간 전체의 경우일지라도 그 신념이 적시하는 내용의 존재를 반드시 함축하지는 않는다. 나는 썩은 새끼줄을 보고 뱀으로 착각할 수 있다. 코페르니쿠스 이전의 모든 사람은 천동설을 확신했지만, 이 폴란드 천문학자가 등장한 뒤 천동설과 반대되는 지동설을 의심하는 이는 아무도 없다. 종교적 신념이 전제하는 유일신과 그 밖의 신들, 천당과 지옥으로 분리된 사후의 세계, 이러한 것들의 존재는 내용이 없는 헛말일 수 있다.

이러한 시점에서 인식대상에 대한 존재론적 객관성 문제는 한 대상의 존재에 관한 주관적 신념의 확고성 문제에서 그러한 확고성의 기준 문제로 전환된다.

2) 존재론적 객관성은 신념 대상의 존재에 대한 논리적·실증적 검증의 가능성을 의미한다

논리실증주의에 따르면 과학적 인식 방법을 통한 신념만이 인식대상의 존재론적 객관성을 주장할 수 있다. 논리실증주의의 과학적 인식 방법이란 다양한 경험에 근거한 귀납적 추리로 가설을 유추하고 그 가설로부터 논리적으로 유추된 필연적 결과를 검증하는 것을 말한다. 그러나 인식대상의 존재론적 객관성에 대한 이러한 과학적 논증은 좁은 의미의 과학에서만이 아니라 동서고금을 통해 일상생활에서도 알게 모르게 적용되어왔다. 눈앞에 있는 감각적 대상을 '쌀'이나 '쇠고기'로 보고 그것을 사들고 오거나, '호랑이'나 '불덩어리'를 보고 그것을 피하거나, 아들 '복돌이'의 이름을 부르는 것은 그 모든 것들이 환상이 아니라 실재한다고 확신하기 때문이다. 그러한 확신은 감각적 경험에 대한 확신에 근거한다. 과거에 그와 똑같은 상황에서 다른 모든 사람들이 품었던 나와 동일한 확신들이 실제로 틀리지 않았음은 구체적 결과로 입증된다. 과학자와 일반인 사이의 존재론적 객관성에 대한 근거의 차이는 후자에 비해서 전자가 객관성의 근거를 더욱

체계적이고 정확한 논리와 수치로 형식화했다는 데 있을 뿐이다.

이처럼 인식대상에 대한 존재론적 객관성의 기준에 따르면 수학이나 논리학 또는 종교나 형이상학이 주장하는 인식대상의 존재와 그러한 존재의 인식은 논리적으로는 불가능하므로 인식체계로서 수학·논리학·종교학·형이상학은 성립될 수 없다. 과학적·일상적 삶의 인식은 감각적 경험 대상을 전제하며 오로지 그렇게 전제되는 것만을 인식대상으로 인정하지만, 논리학과 수학은 수학적·논리적인 비감각적 개념들을 대상으로 하며, 종교학과 형이상학은 처음부터 육체의 죽음을 초월한 내세나 플라톤적 실체계realm of reality와 같은 영적·관념적 세계, 하느님·악령·영생과 같은 존재와 플라톤의 이데아, 데카르트의 마음과 같은 비물질적 존재, 헤겔의 정신과 같은 정신적 존재를 전제하기 때문이다.

수학과 논리학은 엄연히 존재하며, 많은 학자들이 이들 분야에서 연구하고 있다. 물론 형이상학도 존재한다. 첨단 과학이 지배적인 힘을 발휘하는 오늘날에도 인류의 절대 다수는 종교를 가지고 있다. 이러한 사실 앞에서 모든 것을 무시한 채 오로지 과학적 인식론의 규준에 맞는 존재만이 객관적 인식대상일 수 있다고 주장한다면, 과학적 인식론은 폐쇄적이고 독단적이며 난폭한 프로크루스테스의 침대에 불과할 뿐이다. 과학이 독선적으로 세워놓은 인식대상의 객관성이라는 잣대에 맞지 않는다고 해서, 그리고 더 나아가 수학·논리학·종교학·형이상학이 전제하는 존재들이 대부분의 사람들에게 확신을 심어줄 수 없다고 해서 그러한 대상의 객관성을 부정할 수는 없는 것이다.

3) 인식대상은 감각적·물질적·현상적 존재가 아니라 영원불변하는 비감각적·지적·형이상학적 존재이며, 그러한 존재에 대한 인식의 객관성 근거는 이성의 궁극적 눈인 직관에 있다

끝없이 변하는 어떤 것, 동일성이 유지되지 않는 어떠한 현상·존재 'B'도 'x, y'라고 기술될 수 없고 기술되지 않은 '어떤 사건 E'도 객관적으로 존재한다고 말할 수 없다. 그런데 감각적으로 경험하는 모든 물리적 현상들은 고정된 것이 아니라 고대 그리스의 철학자 헤라클레이토스가 갈파했듯이 처음부터 무한한 변화의 과정에 있다. 이러한 사실은 일상에서만 확인되는 것이 아니라 자연과학에서 정밀성의 극치라고 할 만한 양자역학에서도 과학적으로 분명히 드러난다. 영원불변의 객관성을 지닌 존재가 가능하다면 그러한 존재는 물질적이 아닌 관념적인 것, 감각적이 아닌 사념적인 것이 될 것이며, 오로지 그러한 것만이 객관성의 가능성을 가졌다고 말할 수 있다.

모든 종교와 플라톤과 헤겔로 대표되는 관념철학Idealist metaphysics은 위와 같은 맥락에서 그 의미를 파악하고 그 이론적 근거를 찾아볼 수 있다. 관념철학은 존재의 본질이 현상적 물질이 아니라 실체적 관념Idea·정신Mind으로 전제하며, 물질적·현상적 존재는 허상이거나 관념, 정신의 육화적肉化的 표상에 불과한 것으로 본다. 그러므로 헤겔의 경우 궁극의 차원에서 객관적인 존재는 오로지 관념·정신이며, 인식의 궁극적 대상은 현상·물질이 아니라 바로 그것들이다. 그러한 존재들에 대한 인식만이 참된 인식이며, 참된 인식은 오로지 이성의 빛으로만 가능하다. 이성의 빛으

로 비춰지는 것만이 객관적 실재이다. 객관적 실재의 속성과 그 속성의 객관성에 관한 위와 같은 관념철학의 대표적 인물로는 플라톤과 후설을 꼽을 수 있다. 인식대상으로서의 존재의 근본적인 속성은 플라톤의 경우 시간과 공간 밖에 존재하는 '이데아'이고, 후설의 경우 '관념적 본질'이며, 그러한 존재들의 객관성은 데카르트의 경우처럼 그것들의 인식주체인 이성적 직관의 자명성에 근거한다. 앞서 우리는 인식론적 객관성을 확보하기 위해 존재론적 객관성에 의존해야 함을 보았다. 그러나 이와는 정반대로 여기서 우리는 존재론적 객관성을 보장하기 위해 인식론적 명증성에 의존해야 한다는 것을 알게 된다. 이러한 사실로 미루어 존재와 인식은 상호의존적이라고 인정해야 할지도 모른다.

4) 존재론적 객관성은 인식론적 객관성에 의존하며, 존재와 인식은 동일한 단 하나의 역동적 형이상학적 실체의 양면에 불과하다

인식은 "이성적인 것이 곧 실재하는 것이며, 실재하는 것이 곧 이성적이다"라는 명제로 요약할 수 있는 헤겔의 합리주의적 관념철학에서 드러난다. 헤겔에 따르면 우리가 지각적으로 경험되는 현상은 단 하나의 정신적 실체인 정신Geist의 변증법적 자기 개발 과정을 통한 자의식과 자유 실현의 역사적 과정에 불과하며, 이러한 과정에서 나타나는 주객의 구별과 분리는 정신이라는 실체 속에 애초에 내재해 있던 합리적 논리 전개 과정의 잠정적 양상이다. 그 둘은 원래부터 그리고 궁극적으로 불가분의 역동적 양면에 불과하다. 즉 우리가 감각적 차원에서 차별해 인식하는 무한한 존

재들은 단 하나의 이성적인 형이상학적 실체로서, 이러한 관점에서 볼 때 인식과 대상 그리고 주관성과 객관성은 그 구별이 무의미한 단 하나의 역동적 양면에 불과한 것이다.

헤겔의 관념철학에 나타나는 존재와 인식, 존재의 객관성과 인식의 객관성의 관계에 관한 이러한 생각을 달리 보면 유일하게 참인 것, 곧 객관적 실체는 힌두교에서 말하는 '무아無我anatta'와 '무존無存anica'의 관계와 유사하며, 우리가 지각하고 생각하는 모든 존재는 힌두교와 불교의 형이상학이 말하는 '환상maya'과 유사하다. 또한 주관성이 개입되지 않은 어떠한 관찰대상도 생각할 수 없다는 양자역학의 '비결정론非決定論 indeterminism'과도 유사하다.

'무아'와 '무존'은 나를 '나'라는 말로 부르지 말라거나, 'x'라는 감각적 대상을 'x'로 부르지 말라는 의미가 아니라, '나'나 'x'라는 말들이 한편으로는 각각 다른 것들과 구별해서, 다른 한편으로는 인식행위와 절대적으로 차별해서 가리킬 수 있는 영원불변의 인식대상이 존재하지 않는다는 것을 의미할 뿐이다. 그 두 가지 개념이 전달하고자 하는 존재에 관한 비전은 선불교에서 익히 알려진 '색즉시공 공즉시색色卽是空空卽是色'이라는 말로도 표현된다. '무無'와 '공空'이 의미하는 것은 존재의 부정이 아니라, 어떠한 존재라도 다른 존재들과 개념에 따른 절대적 차별이 불가능하다는 것을 말한다. 다시 말해 개념화할 수 없는 무차별적인 유일한 실체임을 확신하는 일원론적 존재론을 전달하기 위해 고안된 언어적 표현인 것이다. 힌두교와 불교에서 말하는 환상이라는 말은 실체와 언어, 인식과 실체 사이의 바로 위와 같은 관계, 즉 우리가 'x, y, z'로 개념의 틀에 넣어 구별해 인식하는 모든 것들은 그 자체가 불변하는 실체가 아님을 말해줄 뿐이지, 세계를 'x, y, z'로 개념화해 분류하지 말라는 주장이 아님을 알아야 한다. 놀랍게도 이러한 세계관은 현대 물리학의 정수를 대표하는 양자역학의 세계관과도 일치한다. 양자역학이 도달한 결론은 인식행위와 그것의 물리적 대상을 구별하는 것이 궁극적으로 불가능하며, 어떠한 인식대상도 정확히 개념화할 수는 없다는 사실이다.

그렇다면 우리가 일상에서 보고 믿고 있는 것들, 엄밀한 자연과학이 확신하고 있는 모든 물리적 실체들도 객관적 존재가 아니라 인간의 환각이 만들어낸 산물에 지나지 않을지도 모른다는 결론이 나온다. 이러한 결과는 플라톤과 헤겔로 대표되는 일원론적 관념주의 세계관이나 힌두교와 불교적 세계관의 틀 안에서 인식과 그 대상의 존재, 인식의 주관성과 대상의 존재론적 객관성, 진리와 허위 등을 형이상학적·궁극적으로 구별하는 일을 무의미하게 만든다. 왜냐하면 인간의 삶은 구체적인 행동을 요하고, 행동은 주어진 사태에 대한 진리, 즉 객관적 인식을 전제하는데, 관념주의 존재론의 틀에서는 동일한 것을 두고 사람들이 각기 다른 주장을 펼 때 이에 대한 진위를 가리는 잣대, 나아가 궁극적 잣대를 제공해줄 수 없기 때문이다. 대상에 대한 바른 인식, 객관적 인식으로서의 진리는 인간 삶의 필수조건임에도 불구하고 관념주의적 세계관은 그러한 조건을 제공해주지 못한다. 따라서 관념주의적 세계관은 폐기될 수밖에 없다.

5) 그것이 인식론적인 것이든 존재론적인 것이든 유물론적 세계관을 전제로 한 과학적 방법을 거친 과학적 명제가 아직까지는 가장 높은 수준의 객관성을 지니고 있다

적어도 실천적 차원에서 볼 때, 존재의 본질은 지각대상이 될 수 없는 관념적 존재가 아니라, 항상 지각 가능한 물질적 존재라는 주장, 즉 옳은 존재론은 유심론적이 아니라 유물론적 형이상학이어야 한다는 주장을 피할 수 없게 된다. 어떤 주장이라도 절대적인 근거와 확실성을 확보하지는 못하지만, 위와 같은 사실은 유물론적 세계관을 전제하는 과학적 인식이 영적·관념적 세계를 전제하는 종교적·철학적 세계관과 인식론보다 신뢰할 수 있음을 말해준다. 그것이 인식론적이든 존재론적이든 객관성은 과학적 인식론의 잣대와 과학적 존재론의 잣대에 비춰서만 의미를 갖는다. 궁극적으로 관찰과 지각적 경험을 토대로 그로부터 논리적으로 유추되는 존재와 진리를, 그 오류 가능성과 아울러 그러한 오류의 시정 가능성을 열어놓은 상태에서, 잠정적으로 '객관성'을 갖춘 것으로 인정해야 한다는 것이다.

4
하나의 구호인 객관성

결론적으로 객관성은 세계의 일부로서 존재하는 것이 아니고, 인간의 한 활동으로서 특정한 의식을 가리키는 이름도 아니며, 인간이 생존하는 과정에서 불가피하게 내질러야 할 일종의 구호이다.

 삶은 부단한 행동 선택의 과정이다. 삶을 꾸려가기 위해서는 누구나 자신의 행동에 관한 객관적 인식, 즉 진리를 필수적으로 전제한다. 진리는 암벽을 타는 등반가가 정상에 오르기 위해 사용하는 쇠고리에 비유할 수 있다. 쇠고리가 바위에 제대로 걸리지 못할 경우 등반가의 목숨은 위태로워진다. 정상에 오르기 위해서는 혹은 생존하려면, 가장 견고하고 신뢰할 만한 쇠고리가 바위에 단단히 걸려 있도록 해야 한다. 그것이 인식론적인 것이든 존재론적인 것이든 간에, 객관성은 견고하게 만든 쇠고리와 그것이 바위에 단단히 걸린 정도를 뜻한다고 하겠다.

 일반 상식 · 종교 · 철학 · 과학은 모두 세계의 인식 양식이며, 세계에 관한 진리를 주장한다. 어떠한 주장에 대해서도 그것의 객관적 진위에 관한 결정적 판단을 내릴 수 있는 권위자는 없다. 그러나 인류의 장구한 생존의 역사에서 실패와 성공의 사례들을 비춰볼 때, 그 가운데서도 상대적으로 가장 신뢰할 만한 것, 곧 객관적으로 취급할 수 있는 주장은 아직까지 과학적 방법에 따라 유도된 과학적 명제, 즉 경험적이며 논리적이고 실증적인 시험을 거친 명제가 아닐까 한다. 그 궁극적 근거는 과학의 명제에 바탕을 둔 예측가능성이 상식적·종교적·철학적 명제의 예측가능성보다 훨씬 크다는 구체적인 사실에서 찾을 수 있다. 객관성은 어떤 존재나 사실을 가리키는 개념이 아니다. 그것은 진리라는 개념처럼 어떤 주장과 믿음을 신뢰하고 그것에 따라 행동을 결정하라는 일종의 '구호slogan'이다. 이것은 정치적 구호와 달리 그것이 없으면 살아갈 수 없는, 생존에 절대 필요한 구호이자 유일한 구호이다.

8장 | 문화과학과 문화의 평가

대중매체와 일반인의 담론에서 '문화'라는 말이 근래에 폭발적으로 널리 사용되고 있다. 동양문화와 서양문화의 차이, 한국 문화와 일본 문화의 관계가 관심의 대상이 되고 음식문화, 교통문화, 휴가문화, 청소년문화, 화장실문화, 문화유산, 대중문화, 전통문화, 외래문화, 문화상대주의 등의 개념들이 빈번히 유통되고 있으며, 문화에 대한 담론과 논쟁이 활발히 벌어지고 있다. 최근에는 문화과학Kulturwissenschaft/cultural studies이라는 개념이 학문의 분야로 정립되고 있다. 그들의 담론에 '문화'라는 단어를 자주 사용하는 포스트모더니즘이 지난 20년간 세계에 유행처럼 확신되고 있는 것은 우연이 아닌 것 같다.

 동서를 막론하고 대체로 모든 지적 탐구는 보편적 진리와 가치의 존재 및 그것의 인식 가능성을 전제해왔다. 뿐만 아니라 모든 담론은 그러한 것을 전제하지 않고서는 불가능한 것 같다. 포스트모더니즘은 이러한 신념과 전제를 부정한다. 포스트모더니즘의 이념적 핵심은 상대주의이며, 상대주의의 핵심은 어떠한 신념도 보편적일 수 없으며, 모든 진리는 다양하고 가변적인 상이한 문화적 산물에 지나지 않으며, 이러한 주장은 '이성'이 아니라 '문화'라는 개념에 의해 뒷받침된다. 진리와 가치는 필연적으로 누군가의 신념이며, 모든 사람의 신념은 상대적일 수밖에 없는 특정한 문화적 배경을 완전히 초월할 수 없기 때문이다. 문화의 우열을 평가하는 것은 불가능하고, 평가의 의미를 내포하는 고급문화와 저급문화, 엘리트문화와 대중문화의 구별이 무의미하다는 결론을 함의한다.

정말 그럴까? 이에 답하기 전 도대체 문화란 무엇인지 따져보아야 한다. 문화라는 말이 남발되는 만큼 그 본래의 의미가 흐려지고 있다. 문화라는 말이 여러 맥락에서 자주 사용되면 될수록 그 말에 담긴 담론들의 의미는 상대적으로 더 알쏭달쏭해진다. 도대체 '문화'란 무엇일까?

1
문화의 개념과 평가

문화라는 말이 애매모호하여, 불투명하게 사용되는 데 문제가 있다. 문화의 의미를 편의상 세 가지로 분류할 수 있다. 문화는 자연과 구별할 수 있는 인간 고유의 존재 '양식', 그러한 의미로서의 문화를 사회와 시대에 따라 관찰할 수 있는 인위적 표현의 '차별성', 그리고 정신의 '내재적 가치'를 말한다.

첫째, 문화의 가장 근원적 의미는 자연과 배치되는 인간의 존재 양식이다. 이러한 양식의 특징은 인위성이다. 인위성은 '주어진 여건을 자신의 지식과 기술을 동원하여 목적을 가장 효과적으로 수행하기 위해 의도적으로 고안한 변형·개조'로 규정할 수 있다. 물질적·정신적 작품, 제도, 관습 등이 존재 양식이나 기능에서 판이하게 다름에도 불구하고 문화의 범주에 넣어지는 까닭은 그것들이 자연적으로 존재하는 것이 아니라 인간의 의도에 의해 인위적으로 만든 물질적·제도적 산물이란 점에서 동일하기 때문이다. 인류의 역사는 소극적으로 자연과 인간과의 부단한 관계 변화, 즉 문화화의 역사로 서술할 수 있으며, 적극적으로는 자연에 대한 문화적 도전의 흔적, 자연의 점차적 문화로의 전환과정으로 서술할 수도 있다. 이러한 의미로서의 문화는 인간의 일반적 특수성을 서술, 설명, 이해하는 하나의 시각일 수 있다.

둘째, 문화라는 말은 인간의 특수한 존재 양식이 아니라 그러한 양식이 사회와 시대 따라서 달리 나타나는 차별성을 지칭하는 것이다. 요리, 주택, 의복, 기구, 예술작품, 건물, 관습, 전통, 신념체계, 사람들의 기질과 태도, 갖가지 제도 등이 문화의 범주에 속하는 까닭은 그것들이 인간의 의도와 기술로 재구성되었다는 점에서 동일하고, 그 양식이 사회와 시대에 따라 다르기 때문이다. 사람은 누구나 생물학적 요구에 따라 음식을 먹으며, 보다 편리한 삶을 영위하기 위해 의복을 짓지만, 무엇을 어떻게 먹고 어떤 의복을 어떻게 지어 입느냐는 사람마다 사회마다 다르다. 서양인은 빵을 주식으로 하지만 동양인은 밥을 주식으로 하고, 미국인이 전통적으로 입었던 양복과 한국인이 전통적으로 입었던 한복은 다르다. 일본의 가옥구조는 한국의 가옥구조와 적지 않게 다르다. 한국에서도 경상도의 음식이 짜고 매운데 반해 호서 지방의 음식은 상대적으로 싱겁다. 서양인의 혼례식은 한국인의 혼례식과 다르며, 한국인의 세배 관습은 다른 나라에서는 존재하지 않는다. 누구나 언어를 사용하지만 표현에 있어서는 언어 공동체마다 다르고, 사람마다 다를 수 있다. 자연을 대하기 위해 여러 가지 기구를 만들어야 하지만 동양과 서양의 기구는 동일하지 않다. 남녀의 결합, 부자관계, 조상 등은 사회의 필수조건이지만, 그러한 결합과 관계의 양식은 각기 다른 관습과 전통으로 나타난다. 모든 사회가 정신적 표현으로 예술작품을 창조해 내지만, 예술작품의 구체적 내용은 사회마다 다르게 나타난다. 모든 인간이 죽음의 공포에서 해방될 수 없지만, 그러한 공포의 표현이 종교로서 나타날 수도 있고 철학적 신념으로 나타날 수도 있다. 종교를 가지더라도 불교 신자의 믿음과 기독교 신자의 믿음의 내용은 다르다. 음악·미술·문학·무용 등이 모두 예술적 표현이지만, 그것들은 다르게 표현되며, 같은 철학적 신념이더라도 노장의 철학은 플라톤의 철학과는 사뭇 다르다. 미술작품에서 김정희의 〈세한도〉와 미켈란젤로의 〈천지창조〉가 다르고, 문학작품에서도 이태백의 작품은 셰익스피어의 작품과 판이하게 다르다.

한 사회의 모습은 다른 사회의 모습과 다르며, 한 시대의 양상은 다른 시대의 양상과 막연하게나마 다르다. 이러한 차이는 문화의 차별의 시각에 가장 포괄적으로 서술, 설명, 이해될 수 있다.

셋째, 문화란 말은 정신의 내재적 가치를 의미한다. 문화는 정신적, 지적, 기술적 산물이지만, 기계 및 여러 가지 실용적 기구, 지식, 기술제품들을 문화의 범주에 넣지 않고 유독 문학, 미술, 음악과 같은 예술, 스포츠나 오락행위 그리고 시설 등을 각별히 문화의 범주에 넣는 까닭은 전자의 가치가 도구적으로만 평가되는 데 반해 후자는 바람직한 내재적 가치의 표현이라는 전제가 있기 때문이다. '문화는 상품이다'라고 하면서 문화유산을 보존

해야 한다고 주장할 때 문화의 가치가 도구적인 데 있음을 함의하는 것 같지만, 꼭 그렇지는 않다. 문화가 상품적, 즉 도구적 가치가 있다는 것은 그것의 내재적, 즉 비도구적 가치의 부정을 함의하지 않는다. 피카소의〈게르니카〉를 찬바람을 막는 바람막이로 사용하는 것이 반드시 그 작품의 예술적 가치를 부정하는 것은 아니다. '문화인', '문화적 유산' 등의 말을 사용할 때 문화라는 말도 위와 같은 경우와 마찬가지의 의미를 가진다. 문화인이 교양인과 거의 같은 의미를 가지고, 교양인이 전문지식만이 아니라 역사, 과학, 철학 등 모든 분야, 사회적·정치적 문제 등에 조예가 깊고, 예술작품을 감상할 줄도 알며, 모든 문제를 주체적으로 판단하고 결정하는 능력을 갖추고 있고, 윤리적으로 존중할 만한 사람을 가리킨다면, 문화는 정신적 가치를 의미한다. 그리고 문화인, 교양인이란 말에 바람직한 인간상이란 가치판단이 함의되어 있다면, 문화는 정신의 내재적 가치를 의미한다. 이러한 의미에서 문화는 단순히 '마음의 표현'이 아니라 '귀한 정신적 표현'으로 규정할 수 있다. 이런 뜻의 문화는 두 번째 뜻의 문화와 상충하는 것이 아니고 그 범주에 속하는 특수한 소범주에 속하는 문화를 뜻함에 지나지 않는다.

그렇다면 문화는 상대적일까? 상대적이라면 어떠한 면에서 그러한가?

2
문화에 대한 두 가지 담론

이러한 물음에 답하기 전, 문화에 접근하는 두 가지 시각을 구별할 필요가 있다. 모든 대상에 대해 그럴 수 있듯이 문화의 대상에 대해서도 서술적·인식적 관점과 평가적·규범적 시각에서 다르게 접근할 수 있다. 전자의 경우 이러한 새 학문적 개념을 문화과학으로 규정할 수 있고, 후자의 경우 문화비평cultural criticism으로 규정할 수 있다.

1) 문화과학

최근에 유통되기 시작한 문화과학의 개념은 분명치 않다. 이는 자연과학이나 생명과학이라고 할 때와 같이 '문화를 인식의 대상으로 삼는 과학'이란 의미로 사용될 수 있다. 이와 달리 모든 현상을 '문화적 관점에서 접근해야 한다는 인식방법론'의 의미로도 이해할 수 있다. 필자가 이해하는 한 문화과학의 설립자들은 후자의 의미로 이러한 개념을 사용하고 있다. 그렇다면 문화과학은 '문화주의적 인식론' 혹은 '인식론의 문화적 전환'으로서의 철학적 제안이며, 이러한 전환은 철학에서의 언어적 전환, 인문·사회과학에서의 구조주의적 전환 등과 맥락을 같이 한다. 여기서 문제가 되는 것은 후자의 의미로서가 아니라 전자의 의미로서의 문화과학에 있다.

문화과학이 얼마만큼 과학으로 성립될 수 있을지 회의적이지만, 문화과학의 시각에서 볼 때, 문화의 현상은 이론이나 법칙에 따라 서술, 분석, 설명 또는 이해를 통한 학문적 인식의 대상으로 존재한다. 그러나 앞서 언급한 세 가지 의미로서의 문화현상이 모두 문화과학의 대상이 될 수는 없다. 다른 현상들과 구별할 수 있는 현상만이 과학적 인식대상이 될 수 있다. 이러한 이유로 존재 전체는 어쩌면 철학적 명상의 대상이 될 수 있을지 몰라도 과학적 인식의 대상이 되지는 못하며, 어떤 대상을 관찰하는 눈은 적어도 그것을 관찰하는 동안은 자기 자신의 대상이 될 수 없다. 그러나 첫 번째 의미로서의 문화, 즉 인간의 가장 일반적 존재 양식은 인간이 그러한 양식에서 빠져나올 수 없는 존재 조건 일반이며, 동시에 어떤 현상을 인식할 수 있는 가장 기본적인 조건에 지나지 않기 때문이다.

첫 번째 의미로서의 문화와는 달리 두 번째와 세 번째 의미로서의 문화는 문화과학의 대상이 될 가능성이 있다. 두 번째 의미로서의 문화, 즉 사회와 시대마다 상이한 개별적 요리법, 식사법, 예절, 제도, 관습, 가옥구조, 의복의 형태 등을 분류하고 그것들의 기원과 그것들 사이의 인과적·논리적 관계를 서술·정리하고 더 나아가 그것들을 이론에 비춰 설명할 수 있다. 더 나아가 각기 한 사회와 한 시대의 문화에 대한 특수한 성격을 포괄적으로 규정하고 그렇게 규정한 문화를 총괄적으로 규정한 다른 사회나 시대의 문화와 비교하고, 그러한 차이의 원인과 이유를 어떤 이론에 비추어 설명할 수 있다. 그리고 이러한 문화과학은 여러 분야에서 개별적·총괄적으로 여러 가지 방법으로 수행될 수 있다. 세 번째 의미로서의 문화, 즉 정신의 내적 가치를 나타내는 문화현상의 경우에도 두 번째 의미로서의 문화의 경우와 마찬가지이다.

2) 문화비평

하나의 현상은 두 가지 다른 관점에서 언급될 수 있다. 그것은 사실로서 객관적으로 서술될 수 있고, 가치의 측면에서 주관적으로 평가될 수도 있다. 두 가지 관점은 논리적으로 다르다. 두 사람이 모두 어떤 현상을 장미꽃으로 인식하고 그것을 설명하더라도 그것에 대한 가치평가는 다르게 할 수 있다. 문화라는 현상의 경우에도 마찬가지이다.

문화에 대한 두 가지 다른 태도가 존재한다. 긍정적으로 문화의 속성을 축복으로 생각하며, 자연의 문화적 전환을 성취한 인류의 역사, 특히 근대 기술문명의 역사를 자축하며, 문화를 더욱 적극적으로 추진해야 한다는 입장이 있을 수 있다. 동서고금을 막론하고 인류는 대체로 현재까지 문화에 대해 이 같은 태도를 가져왔다. 그러나 언제나 예외가 있다. 노자, 루소 그리고 반문화counter culture를 외친 히피들의 경우처럼 문화에 대해 부정적인 태도를 취할 수 있다. 노자가 도道를 말하고 무위無爲를 주장할 때 그는 자연의 미덕, 자연과 대치되는 인위적 문화의 우매성과 그 피해를 지적하려고 했다. 루소가 자연으로 돌아갈 것을 외친 까닭은 문화를 도덕적 부패의 원인으로 보았기 때문이다. 문화에 대한 이러한 상반되는 두 가지 태도를 문화에 대한 평가로 볼 수 있는 것처럼 보인다. 그러나 언뜻 보기와 달리 문화에 대한 두 가지 태도가 곧 문화에 대한 평가일 수 없다. 모든 평가가 평가자의 주관적 태도를 반영하지만, 모든 태도가 자동적으로 평가가 될 수는 없다. 모든 평가가 동일한 분류의 범주에 속하는 두 개 이상의 것들, 예를 들면 한국의 쌀과 일본의 쌀에 대한 비교를 전제하는 데 반해 쌀 일반에 대한 긍정적 또는 부정적 태도는 아무런 비교를 전제하지 않기 때문이다. 그런데 두 태도를 유발한 문화는 다른 것들과 비교할 수 있는 특수한 문화가 아니라 인간의 존재 조건으로서의 문화, 즉 긍정적으로 보든 부정적으로 보든 인간 안에서만 존재해야 하는 문화이기 때문이다.

'인간'은 그리고 오직 인간만이 자연을 어느 정도까지는 바꿀 수 있는 지적·기술적 능력을 자연적으로 가진 동물이다. 인간은 자연의 일부로서 자연에 속하지만, 물질은 물론 다른 동물들과 달리 인간과 자연은 이중적 관계이다. 한편으로 생물학적 동물로서의 인간은 누구나 똑같이 자연적으로 주어진 동일한 본능에 따라 그리고 동일한 생물학적 법칙에 따라 자연과 인과적 관계를 맺지만, 다른 한편으로 이성적 동물로서의 인간은 각자 자신의 지적·기술적 능력과 지향에 따라 자연과 조작적 관계를 맺는다. 이러한 점에서 인간은 필연적으로 '문화적'이다. 역설적이지만 인간은 자연적으로 문화적 존재인 것이다. 그러므로 문화를 규탄하고 자연으로 돌아가라는 노자와 루소의 주장이 인간도 개나 돼지와 같이 살아가야 함을 함의한다면, 두 사람의 주장은 논리적으로 불가능하다.

문화는 한 인간이나 한 사회의 특수한 속성이 아니라 모든 인류의 보편적 속성이다. 이러한 인간의 문화적 속성이 아무리 저주스럽더라도 인간이 스스로를 부정하지 않는 한 문화적으로 존재할 수밖에 없는 동물이다. 1960-1970년대에 미국에서 현대문명을 비판하고 보다 더 바람직한 삶을 위한 희망의 표현으로 반문화라는 구호를 외쳤으나 그러한 구호는 자기 모순이다. 반문화의 구호 자체가 또 하나의 문화적 표현인 것이다.

그러나 앞서 언급한 대로 일반적으로 사용되는 문화의 의미는 두 번째의 것으로서 인간의 보편적·필연적 존재 양식을 의미할 뿐 아니라 사회와 시대에 따라 서로 달라진 인간 존재양식의 구체적인 산물들을 의미한다. 이러한 점에서 문화는 사회와 세대마다 인간이 보다 편리하고 바람직한 삶을 위해 찾은 지혜, 기술, 의지에 따라 창안해낸 상이한 종류의 물질적·정신적 산물들을 총칭한다. 의복, 음식, 주택 등을 비롯해 도구, 제도, 관습, 전통, 신념체계, 예술작품은 두 번째 의미로서의 문화의 범주에 속한다.

인간의 보편적 목적을 충족시키기 위해 만들어졌다는 점에서 그리고 각기 그것들의 기능적 측면에서 위와 같은 것들은 동일하지만, 실제로 존재하는 구체적인 의복, 음식, 주택, 도구 등을 비롯해 제도, 관습, 전통, 신념, 예술작품은 사회와 시대마다 다르다. 그러므로 한 사회의 의복이나 주택문화는 다른 사회의 의복이나 주택문화, 한 시대의 제도와 관습은 다른 시대의 제도와 관습과 동일한 척도에서 그 성질의 차이가 비교되고 분석될 뿐만 아니라 그 가치에 대한 우열이 평가될 수 있다는 주장이 있을 수 있다.

세 번째 의미로서의 문화, 즉 정신의 내재적 가치의 표현으로서의 문화, 예를 들어 종교, 철학, 예술작품으로서의 문화의 경우에도 두 번째 의미로서의 문화의 경우와 마찬가지로 비교 및 가치에 대한 우열의 평가가 논리적으로 가능한 것 같다. 예를 들면 가옥은 한옥이 양옥보다 뛰어나고, 음식에 있어서 양식이 한식보다 좋으며, 근대의 민주정치가 전근대적 봉건정치보다 진보한 것이고, 노자의 철학이 플라톤의 철학에 비해 깊이가 있으며, 셰익스피어의 문학이 이태백의 문학에 비해 뛰어나다는 주장이 있을 수 있다. 이러한 논리에 의해 반세기 전까지만 해도 대체로 서양인은 서양의 근대문화가 동양의 문화는 물론 서양의 전근대 문화보다 우월하다는 확신을 가지고 있었다.

그러나 이러한 신념이 얼마 전부터 흔들리기 시작했다. 문화의 우열, 즉 한국의 가옥이 서양의 가옥보다, 서양의 음식이 한국의 음식보다, 민주정치가 독재정치보다, 셰익스피어의 문학이 이태백의 문학보다, 일부일처제가 일부다처제보다, 불국사라는 종교적 표현이 노트르담이라는 종교적 표현보다, 노자의 철학이 플라톤의 철학보다 우월하다거나 열등하다고 평가할 수 없다. 이러한 주장은 상반되는 두 가지 전제에 뒷받침되는데, 문화결정론과 주관적 가치관이다.

첫째, 문화결정론의 전제에 의하면 문화 간의 차이는 인간의 욕망과 소원, 지혜와 기술의 차이가 아니라 지리적, 역사적, 전통적 등의 외부적 조건에 의한 차이이다. 예를 들면 음식문화가 완전히 어떤 외부적 조건에 의해 인과법칙에 따라 결정됐다면 그것이 어떤 것이든 간에 그것에 대한 좋다 나쁘다는 평가는 논리적으로 불가능하다. 이는 마치 살인이 살인자의 자유의지가 개입될 수 없는 외부 조건에 의해 인과적으로 결정됐다면 살인범을 악인으로, 그러한 살인을 악으로 평가할 수 없는 것과 같은 이치이다.

그러나 문화현상은 자연현상과 달리 전적으로 외부적 조건에 의해 인과적으로 결정되지 않는다. 문화는 어느 정도 각자 자신의 지적·기술적 능력과 의지 그리고 자율적 가치 선택의 가능성을 배제한 인간의 산물이기 때문이다. 외부적으로 동일한 조건 아래서도 두 사람은 서로 다른 형식의 의복과 집, 세계관을 선택할 수 있으며, 두 사회가 다른 제도와 전통, 관습과 풍습을 선택할 가능성은 늘 열려 있다. 이러한 가능성은 문화가 자연과는 달리 그것을 창출하는 인간의 주관을 필연적으로 내포함을 함의한다.

두 개의 서로 다른 문화가 상대적으로 비교나 평가 즉 가치 판단의 대상이 될 수 없다는 주장은 바로 위와 같은 문화의 주관성에 근거한다. 문화가 객관적 존재의 재현이 아니라 객관화할 수 없는 인간의 기호, 즉 주관적 감정이 필연적으로 끼어 있기 때문이다. 두 문화의 가치를 비교하여 우월을 판단할 수 없는 까닭은 두 사람의 음식이나 색깔에 대한 상반된 기호에 대해 옳고 그름을 판단할 수 없는 것과 같은 이치이다. 장미보다 난초를 선호하는 나의 기호에 대해 옳다 그르다고 말하는 것은 어리석은 일이며, 한국의 음식문화와 중국의 음식문화, 한복과 양복의 우열을 객관적으로 결정하기는 쉽지 않다. 이처럼 문화가 서술적 차원에서 비교될 수 있지만 그 가치의 우열이 평가될 수 없다면, 문화는 오로지 과학적 서술과 설명의 대상일 뿐 비평과 평가의 대상이 될 수 없다.

  그러나 사실은 꼭 그렇지만은 않다. 문화가 평가의 대상이 될 수 없다는 위의 두 가지 이유는 바로 문화가 필연적으로 평가의 대상이라는 사실의 증거가 된다. 자연현상, 즉 산과 바다의 현상 또는 식물과 동물의 행동은 완전히 인과적 법칙에 의해 설명할 수 있지만, 문화현상, 즉 한 사회 혹은 한 시대의 의복, 가옥, 음식, 예술, 결혼양식 등이 그 사회나 그 시대의 인간의 욕망, 가치관, 의지, 지적·기술적 능력에 따라 크게 달라지는 것은, 같은 사회 또는 같은 시대를 살면서도 개인의 취향과 세계관, 지적·기술적 능력에 따라 다른 의복, 다른 가옥, 다른 음식, 다른 예술품을 선호하는 것과 같은 이치이다. 문화가 그것을 만든 인간이나 사회의 주관에 따라서 다를 수 있다는 사실은 동일한 외부 조건 아래서 동일한 목적을 위해 가옥을 짓고 의복을 입으며, 음식을 먹고 예술작품을 창조하더라도 문화 주체자의 지적·기술적 능력에 따라, 즉 각기 그들의 주관적 선택에 따라 전혀 다른 문화를 창출할 수 있음을 함의한다.

경제학적으로 한국의 채소 음식이 서양의 고기 음식보다 우수하다는 객관적 평가가 가능하다. 결혼제도는 어느 사회에나 있지만, 동일한 조건 아래에서 일부일처제와 일부다처제가 가능하다면, 모든 결혼제도가 공통적으로 의도하는 것이 종족의 번식과 사회 질서의 유지에 있더라도 지리적, 위생적, 경제적, 심리적 관점에서 일부일처제가 일부다처제보다 아니면 일부다처제가 일부일처제보다 객관적으로 바람직하다는 판단이 나올 수 있다. 한 사회나 한 시대의 결혼문화는 다른 사회나 시대의 결혼문화보다 좋고 나쁘다는 판단은 가능하다. 한 시대의 음식문화, 결혼문화, 예술문화의 가치는 다른 음식문화, 결혼문화, 예술문화와 비교 평가될 수 있을 뿐만 아니라, 어떤 문화든 상관없이 모든 문화는 이미 가치평가의 산물이다. 어떠한 종류의 문화든 가장 바람직한 삶의 양식, 즉 하나의 가치관의 표현이며, 서로 다를 수밖에 없는 구체적인 가옥, 음식, 결혼, 제도, 전통, 관습 등은 이미 그 자체가 평가적인 선택일 수밖에 없는 가치들이다. 한 문화가 사라지고 그 자리에 다른 문화가 들어오고, 모든 문화가 항상 서로 어느 정도 영향을 끼쳤던 역사적 사실은 알게 모르게 항상 문화의 가치가 상대적으로 평가되어왔음을 입증해준다. 문화는 본질적으로 언제나 평가적이며, 문화에 대해 완전히 그리고 언제나 가치중립적일 수 없으며 필연적으로 평가적으로만 존재한다.

모든 현상이 서술과 설명 즉 인식의 대상일 수 있는 동시에 가치판단의 대상이 될 수 있다는 점에서 자연현상과 문화현상은 동일하다. 나는 하나의 자연현상인 빛이나 하나의 문화현상으로서의 한국의 음식문화를 서술하고 과학적으로 설명할 수 있는 동시에 그것에 대해 어떤 관점과 척도에 따라 좋다 나쁘다는 가치판단을 내릴 수 있다. 그러나 자연현상이 오직 인식의 대상으로만 존재할 수 있는 반면, 평가되지 않은 채 인식의 대상으로만 존재할 때 '문화현상'은 엄밀한 의미로서의 그것은 '문화적' 현상으로 존재하지 않는다. 한마디로 '문화비평'이 따르지 않는 '문화과학'는 반쪽으로만 존재할 뿐이다. 한 문화에 대해 완전한 가치중립적 태도는 있을 수 없다. 개인적으로 보든 집단적으로 보든 삶은 관조가 아니라 부단한 선택적 행위이다.

그러한 선택의 산물로서의 문화는 그 자체가 다시 부단한 평가와 선택 그리고 개선의 대상으로만 존재한다. 모든 문화적 산물을 앞에 두고 이것도 좋고 저것도 좋다는 식의 태도는 무책임할 뿐만 아니라 불가능하다.

3
문화적 가치평가의 기준과 비평의 기능

1) 문화적 가치평가의 기준

문화의 상대적 가치의 우월성은 어떻게 판단할 수 있을까? 구체적 산물로서의 문화에 속하는 의복, 요리, 가옥, 예술작품, 제도 등은 인간이나 인간집단이 지리, 사회, 역사 등의 구체적 맥락에서 지식과 기술로 마련된 '전략적 장치'라는 점에서, 그리고 그러한 전략적 장치가 인간의 소원 ·

목적을 전제한다는 점에서 문화는 지적·도덕적·미학적 측면을 동시에 포함하는 '마음'의 표현이다. 실제로 관찰할 수 있는 문화의 차이는 마음의 차이가 아니라 마음이 표현될 수 있는 지리, 사회, 역사 등의 맥락의 차이로 설명할 수 있다. 그러나 마음의 구체적 내용은 개인이나 집단에 따라 다르고 시간이나 시대에 따라 언제고 변화될 수 있다면, 동일한 객관적 조건에서도 개인이나 집단의 마음의 내용에 따라 서로 다른 문화는 상이한 모양을 띨 수 있다.

한국의 요리가 서양의 요리보다 뛰어나고, 일본의 정원이 프랑스의 정원보다 뛰어나다는 객관적 판단은 어렵고 현재로서는 불가능하다는 결론이 있을 수 있지만, 엄격히 검토하면 두 가지 관점에서 그러한 판단은 논리적으로 가능하다. 첫째, 지리적·역사적 등 모든 조건들을 함께 고려하더라도 서양인도 한국의 요리와 같은 것을 만들어낼 수 있었으며, 프랑스인도 일본식 정원을 생각해낼 수 있었다. 둘째, 위생학적·경제적·미학적 관점에서 한국의 요리가 서양의 요리보다, 그리고 일본의 정원이 프랑스의 정원보다 바람직하다는 과학적 주장은 가능하다. 더 나아가 이러한 가치판단은 한국인, 서양인, 일본인, 프랑스인의 위생학, 경제학, 미학 등에 대한 지식, 기술의 수준과 그들의 인간적 삶에 대한 철학적 수준에 비춰 뒷받침하는 작업이 논리적으로 불가능한 것은 아니다.

음식문화, 의복문화뿐만 아니라 동양문화, 서양문화, 고대문화, 근대문화 등에 관해서도 동일한 논리로 우월함과 열등함에 대한 판단은 가능하다. 마찬가지의 논리로 하나의 특정한 사회, 예를 들면 한국 사회에서도 문화의 가치에 대한 우열의 판단은 가능하다. 한국에서의 요리, 의복, 가옥도 지방에 따라, 가정에 따라, 요리사, 건축사에 따라 그리고 사람들에 따라 선호하는 것이 다르더라도 우열에 대한 판단은 여러 가지 객관적 조건과 사실에 비춰 어느 정도 냉정한 객관적 판단이 불가능한 것은 아니다. 한 문화의 질은 고상할 수도 있고 저속할 수도 있으며, 세련될 수도 거칠 수도 있다. 이러한 주장은 자동적으로 엘리트 문화가 세련되고 대중문화가 거칠다는 것은 아니며, 역시 자동적으로 한국의 성인문화가 고상하고 외국의 젊은층 문화가 저속하다는 것은 결코 아니다.

문화의 가치에 대한 평가 기준은 무엇일까? 요리문화, 의복문화, 주택문화, 예술문화 등의 각각의 문화의 기준은 같을 수 없다. 그것을 구체적으로 어떻게 결정할 수 있는가는 다른 문제로 각기 나름대로의 기준이 따로 있다. 그러나 각 기준이 무엇이든 간에 문화가 주어진 상황에서 인간으로서 가장 바람직한 삶을 영위하기 위한 인위적 장치이며 그러한 노력의 표현이라고 한다면, 문화의 보편적 기준은 개인 또는 집단이 갖고 있는 세계관 즉 세계인식의 옳고 그름 및 인생관과 이상적 삶의 고귀함과 천박함이다. 모든 문화의 기능과 가치는 오로지 정신적 가치에 비추어서만 비로소 의미를 갖고 이해될 수 있다.

2) 문화비평의 기능

문제는 사람마다, 사회마다, 시대마다 서로 다른 세계관·인생관이 존재하며, 그것들 가운데 어느 것이 더 가치가 있는지 객관적으로 결정할 수 없다는 것이다. 결국 서로 다른 문화의 가치의 우열을 측정할 잣대로서의 보편적이고 객관적인 기준을 찾을 수 없으며 따라서 문화의 가치판단으로서의 문화비평은 불가능하다.

　세계관의 옳고 그름, 인생관의 고귀성과 천박성은 결코 실증적·논리적으로 증명할 수 없다. 그러나 극단적 포스트모더니스트의 주장과는 달리 이러한 사실은 상반되는 모든 세계들이 다같이 옳고, 서로 갈등하는 인생관들이 똑같은 가치를 지녔다는 것을 함의하지는 않는다. 과학적·논리적으로는 증명할 수 없더라도 인류의 오랜 역사를 통해 축적된 경험과 반성을 통해 서로의 대화를 이성적으로 이끌어갈 때, 적어도 어느 정도까지의 보편적 기준에 대한 합의에 접근해갈 가능성은 있다. 극단적 포스트모더니스트의 이론적 결론과는 달리, 모든 이론을 떠나서 적어도 정서적으로는 과학이 보여주는 세계상, 고통으로부터의 해방, 물질적 충족, 선의, 정의, 사랑의 보편성을 부정할 사람은 별로 없을 것이다. 만일 그렇지 않다면 문화비평은 불가능하고, 문화과학의 의미는 찾을 수 없다.

　문화비평은 무엇을 할 수 있으며 또한 무엇을 해야만 할까? 문화비평은 우선 모든 신념이 상대적인 것같이 보이지만 궁극적으로 결정적으로 확신할 수 있는 객관적 세계관과 보편적 삶의 가치를 발견하지 못한 상태에서도 그러한 세계관과 이상에 가까워질 수 있다는 신념을 전제해야 한다. 이러한 전제하에서 문화비평가가 할 수 있고, 해야 할 일은 첫째로 조금이라도 더 진리에 가까운 세계관과 좀 더 고귀한 인간의 이상을 모색하기 위한 끊임없는 탐구와 반성이다. 둘째, 그가 할 수 있고 그렇게 할 수밖에 없는 작업은 모든 문화현상에 대해 객관적 서술 설명에 그치지 않고, 그것들의 가치를 비판하고 상대적으로 더욱 바람직한 문화를 가려내며, 더 나아가서 바람직한 문화에 대한 비전을 제시하는 것이다. 모든 비평이 그러하듯 문화비평은 반드시 어떤 이상 즉 정신적 가치에 대한 신념을 전제로 하며, 문화비평가는 필연적으로 그것의 실현을 위해 투쟁하는 이상주의자이다. 이것도 좋고 저것도 좋으며, 이래도 좋고 저래도 좋다는 말로 끝나는 문화비평은 별 의미가 없는 잡담에 지나지 않으며, 그러한 문화비평가는 비겁하거나 아니면 무책임하다고 할 수 있다.

문화가 평가의 대상으로 존재한다는 것은 문화의 다원성을 부정하는 것이 결코 아니다. 모든 문화가 각기 다른 배경을 갖고 있더라도 그것들의 상대적 가치를 평가할 수 있다. 한국 음식과 서양 음식은 각기 그 문화적 맥락에서 볼 때 똑같이 평가될 수 있지만 그런 맥락을 고려하더라도 그 중 하나가 다른 것보다 더 우월하다는 평가를 내릴 수 있다는 것이다.

9장 | 자연과학과 인문학

매우 엄격하고 정확한 수학적 언어로 표현되는 과학적 지식은 대부분의 사람들에게 접근하기 힘들고 어렵게 느껴진다. 그렇지만 과학적 지식의 산물인 과학기술의 엄청난 위력에 무감각할 수 있는 사람은 아무도 없다. 지난 몇 백 년 동안 인류 역사의 크나큰 변화는 근본적으로 과학에 의해서 이루어진 것이고, 인류의 생활은 그만큼 편리하고 윤택해졌음을 부정할 이는 아무도 없다.

여러 학문 가운데 과학의 가치가 더욱 높이 구가되고 상대적으로 과학이 아닌 이른바 인문학, 예컨대 철학, 문학, 예술 등의 학문적 가치와 의미가 축소되거나, 더 나아가 인문학의 존재 자체에 대한 회의가 번져가고 있음이 오늘의 문화적 분위기라고 보면 틀림없다.

그러나 다른 한편으로는 벌써 오래전부터 소수의 철학자와 지식인들에 의해 과학적 세계관의 협소성이 고발되어왔고, 최근에는 과학기술문화가 자연의 환경을 파괴할 뿐 아니라 끝내는 인류와 그 밖의 모든 생명체의 완전한 소멸을 초래하게 할지도 모른다는 무서운 가능성에 이미 적지 않은 사람들이 경계심을 갖게 되었으며 막연하나마 인문학의 중요성을 새삼 의식하게 되었다.

이런 마당에 과학이 어떤 성질의 학문이며, 그것이 인문학과 어떤 관계를 갖고 있는가를 새삼 반성해보고 가능한 그런 물음에 대한 대답을 찾아보는 일은, 좁게는 교육 방침을 정하는 데 있어서, 그리고 넓게는 보다 바람직한 삶을 마련하기 위해서 결코 무의미한 작업이 아닐 것이다.

여기서 필자는 첫째, 자연과학과 인문학의 차이를 밝히고, 둘째, 두 학문 간의 관계를 분석하고, 그것을 바탕으로 어째서 인문학 교육이 개인적 차원에서나 사회적 차원에서 보다 중요시되어야 하는가를 검토하고자 한다.

1
자연과학과 인문학의 구별

과학의 개념이 '학문'이란 넓은 의미로 쓰일 때 그것은 크게 자연과학, 사회과학, 인문학(인문과학)으로 구별된다. 그러나 과학이 '특수한 형태의 학문'이라는 좁은 의미로 사용될 때 자연과학은 대표적인 과학의 예가 되지만 사회과학이란 개념은 그 자체가 모순이 된다. 인문학이란 개념이 성립될 수 있다면 그것은 오로지 '과학'이란 개념이 넓은 의미로서 비유적으로 사용될 때에만 가능하다. 그러므로 여기서 우리의 주제를 '자연과학과 인문학'이라고 붙이긴 했지만, 우리가 고찰하고자 하는 문제는 좁은 의미에서의 과학으로서 학문과 똑같은 뜻에서 과학일 수 없는 학문의 구별을 밝히는 작업이다.

학문을 크게 자연과학, 사회과학, 인문학으로 나누는 것은 학계에서 일반화된 하나의 관습이다. 자연과학은 물리학, 화학, 생물학으로 대표되고, 사회과학은 사회학, 정치학으로, 인문학은 역사, 철학, 언어, 문학, 예술에서 그 범례를 들 수 있음은 누구나 알고 있는 상식이다.

그러나 넓은 의미에서의 과학이 아니라 보다 엄격한 의미에서의 과학이라는 입장에서 볼 때 자연과학이 과학임은 의심할 수 없지만, 사회과학이 정말 과학이냐 아니냐는 아직도 시비의 여지가 남아 있으며, 인문학은 분명히 과학이 아니다.

그렇다면 과학적 학문과 비과학적 학문의 차이를 어떻게 규정할 수 있을까? 모든 학문이 앎을 찾는다면 그 앎이 과연 과학적인지 비과학적인지 판별할 수 있는 근거는 무엇일까?

학문 간의 구별을 전제하는 여러 가지 학문적 사례들을 검토해볼 때, 과학적 학문과 비과학적 학문의 구별은 각 학문의 대상이 지닌 성격에 달려 있는 것처럼 보인다. 학문적 대상이 자연현상일 때 그 학문은 과학으로 성립되지만, 학문적 대상이 철학, 문학, 예술 혹은 역사와 같은 인간의 표현물 表現物일 때 그 학문은 과학 밖에 속하는 학문이며, 사회과학과 같은 경우는 그 대상을 어떻게 보느냐에 따라 과학이 될 수도 있고 그렇지 않을 수도 있을 것 같다.

그러나 대상의 성질에 바탕을 둔 과학으로서의 학문과 과학일 수 없는 학문의 구별은 그리 만족스럽지 못하다. 왜냐하면 똑같은 대상이라도 관점에 따라 서로 상이한 시각에서 접근될 수 있고 상대적으로 다른 종류의 학문을 성립시킬 수 있기 때문이다. 동일한 심리현상은 물론 사회현상도 관점에 따라 과학적 접근이 가능하고, 동시에 그것과 다른 학문의 대상으로 접근될 수 있다. 그래서 심리현상, 사회현상은 물론 역사현상과 더욱 극단적으로는 철학, 문학, 예술이 추구하는 학문적 대상도 근본적으로는 자연과학과 동일한 성질의 대상으로 환원될 수 있다는 주장이 가능해지며, '과학철학'이니 '인문과학'이라는 개념까지 생기게 되었다. 그러나 이러한 일부의 입장과는 달리 앞서 언급한 현상들은 자연현상과 본질적으로 다르고, 앞에서 든 학문들은 그 대상의 성질상 절대로 과학이 될 수 없다는 입장이 아직도 승부를 가리지 못한 채 맞서고 있다.

그러므로 과학적 앎은 그 앎의 대상에 의해서 결정될 수 없다. 한 학문이 추구하는 앎이 과학적이냐 아니냐는 그 학문이 취한 방법에 의해서만 결정되는 것이다.

그렇다면 과학적 방법이란 어떤 것일까? 이러한 물음에 답하기 전에 과학이 추구하는 앎이 어떤 종류의 앎인지 알아보아야 한다. 독일의 철학자 딜타이는 앎을 '설명적 앎'과 '이해적 앎'으로 구별하고 이 서로 다른 형태의 앎이 각기 '자연과학'과 '정신과학'에서 개별적으로 구분됨을 주장했다. 여기서 딜타이는 과학이라는 개념을 넓은 의미에서, 그저 '앎'이라는 뜻으로 사용하고 있지만, 우리가 채택한 좁은 의미로서의 앎은 오로지 '설명적인 앎'일 뿐이다. 따라서 설명적 앎만을 추구하는 자연과학만이 '과학'이고 '이해적 앎'을 요구하는 '정신과학'은 사실상 과학이 아니다.

한편으로 구체적인 개별현상은 그것이 어떤 자연적 인과법칙에서 연역적으로 유추되었음이 인정되었을 때 이를 '설명'되었다고 말한다. 또 다른 한편으로 어떤 의미를 나타내는 기호나 언어가 어떤 약속적 규범에 기준하여 이해되었을 때 이를 '이해'되었다고 말한다. 예를 들면 '하느님은 죄인에게 고통이라는 벌을 준다'는 법칙이 있음을 인정할 때 내가 알 수 없는 큰 병에 걸려 고통 받는 구체적 사실이 설명될 수 있으며, 뉴턴의 '만유인력' 법칙이 전제될 때 구체적인 하나의 사과가 땅으로 떨어지는 사건이 설명될 수 있다. 이러한 점에서 과학의 목적은 어떤 자연법칙을 발견하는 데 있다. 그러나 모든 법칙에 의한 설명이 자동적으로 과학적 설명이 되는 것은 아니다. '하느님의 뜻에 의한 나의 고통'이라는 설명이 '뉴턴의 법칙에 의해 사과가 낙하하는 현상'의 설명과는 다르다는 것을 누구나 직관적으로 납득할 수 있다. 전자의 설명이 종교적, 비과학적인 데 반해 후자의 설명은 과학적이다.

이러한 두 가지 설명적 앎의 차이는 각기 설명에 필요한 법칙을 수용한 절차에 있다. 학문의 분야에서 이와 같은 절차를 '방법'이라 부른다. 과학적 설명과 비과학적 설명의 차이는 어떤 현상을 설명해주는 법칙을 어떤 방법으로 전제할 수 있느냐에 달려 있다. 위와 같은 설명적 앎을 '규범적 설명'이라고도 부른다. 과학적 방법은 엄격한 논리와 확고한 실증의 양면을 동시에 가지고 있다. 좀 더 구체적으로 말해서 어떤 구체적 현상을 설명해줄 수 있다고 가정된 어떤 법칙은 그 법칙으로부터 사건이 예측대로 구체적인 실험이나 관찰을 통해 반증되지 않을 때 비로소 과학적 법칙으로 성립되고, 그러한 법칙에 의해 하나의 사건이나 사실이 설명되었을 때에야 비로소 그 설명은 과학적이며, 이러한 설명을 비로소 과학적 앎이라고 부른다. 이와 같이 법칙을 발견 혹은 구성하는 방법을 가설연역적 모델이라고 부르기도 한다.

이러한 방법에 의한 설명적 앎을 추구하는 과학은 과학으로서는 증명할 수 없는 하나의 형이상학적 신념을 전제로 한다. 결정론이 바로 그러한 전제이다. 결정론에 의하면 적어도 모든 자연현상은 영원히 흔들릴 수 없는 인과적 법칙에 의해서 기계처럼 움직이고 있다는 것이다. 그리고 모든 사물현상에 대한 앎은 오로지 과학적이어야만 하며, 모든 앎은 과학적으로 설명될 수 있다고 주장할 때, 그러한 주장은 유물론唯物論이라는 또 하나의 형이상학을 전제로 한다. 왜냐면 인과적 법칙에 따라 기계적으로 움직이는 현상은 물질 속에서만 발견될 수 있기 때문이다. 이러한 과학의 형이상학적 전제를 놓고 볼 때 유물론이 잘못된 형이상학이고 과학적 앎과는 다른 형태의 앎이 있음을 전제한다면, 과학 더 정확히 말해서 자연과학 아닌 학문이 가능하고, 설명적 앎과는 다른 형태의 앎, 즉 이해적 앎의 가능성이 열린다.

과학적 앎의 모델을 물리학에서 찾을 수 있는 이유는 물리학이 다루는 인식대상이 가장 확실하게 인과적 법칙에 의해 지배되고 있는 물리현상이기 때문이다. 최소한 현상적으로는 물리현상과 구별되는 생물계를 대상으로 삼는 생물학이 물리학보다 덜 정확한 과학이 되는 이유는 생물들의 동태가 물리현상과 같이 인과법칙에 의해 지배되지 않는 것 같기 때문이며, 심리학, 사회학 등이 점차 덜 정확한 과학이 되는 까닭도 같은 근거에 기인한다. 그러므로 심리학, 특히 사회학 또는 역사학이 과학이냐 아니냐 하는 문제가 제기되는 것이다. 이러한 문제에 대한 대답은 위와 같은 학문들의 대상이 언뜻 보기와는 달리 물리적 현상으로 환원될 수 있느냐 없느냐에 달렸다.

모든 학문의 대상이 물리현상으로 환원될 수 없는 특별한 존재방식을 가졌다고 할 때 딜타이가 주장한 자연과학과 전혀 다른 성질의 정신과학이라는 학문의 영역이 있다. 따라서 후자의 범주에 속하는 학문은 그 방법에서도 자연과학의 방법과는 달라야 한다.

이른바 정신과학의 대상은 물리적 존재가 아니라 비가시적 의미이며, 의미를 안다는 것은 그것을 인과법칙으로 설명하는 데 있지 않고 언어의 규범에 의거해서 이해하는 것을 말한다. 필자 자신의 입장에서 볼 때 여러 분야의 정신과학, 예컨대 심리학, 사회학, 역사학 등은 어느 정도 까지는 어떤 법칙에 의해서 설명될 수도 있고 동시에 어떤 언어적 규범에 의해서 이해될 수도 있다. 어느 한 규범만으로는 만족스럽지 않다.

과학적 지식, 즉 자연과학이 사물현상에 대한 앎의 모델로 정립되어왔고, 실제로 모든 학문은 자연과학과 같은 앎을 동경해왔으며 따라서 스스로 '과학'이 되려고 노력해왔다. 이러한 과학의 권위는 물리학에서 가장 모범적인 예를 찾을 수 있는, 두 가지 특징에 바탕을 둔다. 첫째는 과학적 명제의 보편성이고, 둘째는 과학적 명제가 제공하는 예측성이다. 이러한 과학적 명제의 특징이 모든 학문의 동경이 되는 이유는 그러한 특징을 지닌 과학적 지식이 인간의 삶을 위한 편리하고 귀중한 도구로 사용될 수 있기 때문이다. 과학은 사물현상을 예측하게 해주며, 그러한 예측에 따라 자연현상을 조작하고 재조정하여 우리에게 필요한 새로운 것을 만들 수 있게 한다. 사회과학은 물론 인문계열의 학문인 철학이나 문학, 예술도 잘못된 생각에서 덩달아 과학이 되고자 스스로를 '인문과학'이니 '과학적 철학'이니 하는 말을 사용하기도 한 이유가 바로 거기에 있다.

그럼에도 불구하고 사회과학까지는 혹시 몰라도 인문과학은 사실 과학이 아니며 과학이 될 수 없다. 인문과학의 대표적인 예로서 철학, 문학, 예술이 의미하는 것은 성질상 자연과학이 의미하는 것과는 전혀 다르다. '철학한다', '문학한다', 혹은 '예술을 공부한다'라는 말은 두 가지 서로 다른 뜻으로 쓰인다. 첫 번째로 이미 성립된 철학의 이론, 이미 제작된 문학작품, 이미 존재하는 예술작품을 학문의 대상, 즉 인식의 대상으로 삼는다는 의미이다. 후자의 뜻에서 볼 때 인문과학은 인식적 활동이라기보다는 제작적 활동인 까닭에 학문이 아니다. 이러한 점에서 인문학은 넓은 의미에서이건 좁은 의미에서이건 과학이 아니다. 첫 번째 뜻으로 볼 때, 비록 인문과학 인식대상의 성격이 자연과학은 물론 사회과학에서의 인식대상과는 다르기는 하지만, 일종의 인식대상을 전제하고 그것을 인지하려는 작업이란 점에서 과학과 근본적으로 다를 바가 없을 것 같이 보인다. 그러나 후자의 경우 철학 이론, 문학작품, 예술작품을 공부한다는 것은 자연현상, 심리현상, 사회현상을 앎의 대상으로 하는 경우와 전혀 다르다. 철학을 공부한다고 하는 것은 무엇보다도 먼저 다른 사람들이 생각한 철학적 문제와 대답을 이해하고 검토함으로써 자신의 문제에 대한 통찰력을 얻고 문제를 생각하고 풀어나가는 훈련을 하는 데 있다. 문학이나 예술을 공부한다고 하는 것은 그 작품들 내지 그 작품들을 구성하고 있는 여러 부분들이 어떻게 생겼으며, 어떤 법칙에 의해 결정되었는가를 밝히는 데 있지 않다. 문학 혹은 예술을 공부한다 함은 문학이나 예술작품을 접함으로써 사물현상에 대한 감수성을 예리하게 닦으며, 인간의 다양한 경험들에 눈을 뜨고, 세계와 사물 그리고 인간을 바라보는 안목을 끊임없이 새롭게 하며, 삶의 의미와 가치를 심화시키는 데 있다. 이러한 점에서 인문과학이 뜻하는 것은 이미 존재하는 것에 대한 인식적 작업이 아니라 과학적 지식, 과학적 기술, 과학적 활동을 망라해서 모든 인간 활동의 의미, 인간이 추구해야 할 가치에 대한 반성反省과 창조創造이다. 자연과학과 사회과학 전공자는 물론 인문학을 한다는 사람들조차 흔히 잘못 생각하고 있는 것과는 달리 자연과학과 사회과학이 뜻하는 바와 인문학이 뜻하는 바는 전혀 다르다. 자연과학이나 사회과학은 기존의 사실에 대한 객관적 지식을 찾으려고 하는데 반해 인문학은 새로운 경험, 새로운 사고의 훈련 도장이며, 새로운 현상과 새로운 가치를 끊임없이 창조하는 치열한 시험장이다.

한마디로 이른바 인문과학은 과학이 아니다. 이와 같이 검토할 때 같은 교육의 터전에서 자연과학이나 사회과학 학과들이 인문학 학과들과 나란히 존재하지만, 이 두 종류의 과들이 하고자 하며 할 수 있는 것들 간에는 아무런 관계가 없어 보인다. 그러나 따지고 보면 사정은 조금 다르다.

2
자연과학과 인문학의 관계

고전적이고 상식적 관점에 따르면 과학적 지식의 특징은 객관적인 데 있다. 여기서 '객관적인' 과학적 지식이란, 과학자의 주체성과는 상관없이 존재하는 사물현상을 가치중립적으로 서술하는 것을 의미한다. 이러한 과학적 지식에 관한 입장은 1960년대 초까지만 해도 논리실증주의에 의해 철학적 지원을 받아왔다. 과학 이론을 구성하는 데 지각을 빼낼 수 없지만 바로 그러한 지각은 이미 이론에 의존되었음을 핸슨이 보여주었고, 과학의 발전은 패러다임적, 즉 범례적 변화를 의미함을 쿤이 주장하여 과학적 지식에 대한 종래의 생각을 완전히 뒤집어놓았다. 독일의 철학자 하버마스는 인식이 이익과 불가분의 관계라고 주장했다. 지각은 사물과 가장 직접적인 접촉으로 전제되어왔다. 그러나 그 지각이 이미 지각자가 채택하는 사물현상에 대한 이론에 의존된다는 말은 지각에 의해 우리의 의식 속에 비치는 사물현상이 이미 우리가 가지고 있는 생각의 큰 테두리 안에서 결정된다는 것이며, 우리가 다른 이론의 틀을 가지게 되면 사물현상은 다르게 지각될 수밖에 없다는 말이다. 이러한 사실은 과학적 지식이 어느 정도 주관적임을 의미하며, 그것이 주관적이란 말은 사물현상에 관한 인간의 지식이 인간이 갖고 있는 관심이나 가치관과 떼어놓고는 이해되지 않는다는 말이 된다.

　쿤이 말한 대로 과학의 발전이 지식의 축적성을 나타낸 것이 아니라 패러다임의 대치로 이뤄지는 혁명적 성격을 띠고 있다면, 과학이 설명해주는 자연현상은 고정된 객관적 사실이 아니라 어떤 틀 안에서 본 현상의 한 측면에 불과함을 함의한다. 또한 하버마스의 주장대로 모든 인식이 '이익'을 떠날 수 없다면, 어떤 패러다임에 의해서 자연현상을 해석하느냐도 우리의 '이익'에 의존됨을 말한다. 어떤 각도에서 보아도 과학은 객관적 자연현상을 있는 그대로 보장해주는 것이 아니고 근본적 차원에서 우리의 이익, 즉 우리들의 가치관과 뗄 수 없이 얽혀 있음을 인정하지 않을 수 없다.

지각이 이론에 의존하고, 과학의 발전이 패러다임의 혁명적 대치를 의미하며, 어떤 패러다임을 채택하느냐는 것이 과학자의 이익에 좌우된다면, 과학적 지식은 마치 한 개인이나 한 사회의 주관적 의사나 의욕에 의해 자유롭게 결정되는 것으로 착각될 수 있다. 과학적 지식이 인간의 주관적 관심이나 이익에 의해 주로 결정된다는 말은 과학적 지식이 인식대상의 객관적 존재의 양식과 더불어 인식주체자의 주관적 관심, 즉 이익이 서로 얽혀 있음을 지적하는 것에 지나지 않는다. 어떤 객관적 자연현상에 관심을 갖고 그 현상의 어떤 측면에 초점을 두고, 그 현상을 어떻게 보고 어떻게 설명할 것인가를 크게 좌우하는 주관적 관점, 이익, 가치관은 공백상태에서 자유자재로 창조되거나 선택되는 것이 아니라 사물현상의 객관적 존재, 이미 수용되고 있는 과학 지식을 떠나서는 생각조차 할 수 없으며, 오로지 그러한 객관적 여건에 뿌리를 박을 때만 의미 있는 주관성과 효율적으로 작동될 수 있는 가치관이 성립될 수 있다는 것이다.

이와 같이 객관적 자연현상과 우리의 주관적 가치관은 순환적 구조 속에서 상호보완적 관계로 얽혀 있다. 달리 말하면 올바른 가치관을 세우고 보람 있게 살기 위해서는 과학이 제공하는 자연현상 혹은 심리·사회현상에 대한 객관적 지식을 갖춰야 하며, 그 본래의 기능을 할 수 있는 과학을 발전시키기 위해서는 먼저 건전하고 올바른 가치관을 세워야 한다. 그렇지 않으면 과학은 인간 생활에 도움을 주기보다는 공허한 지적 유희로 끝나게 되고, 더 나아가 인류의 번영은커녕 파멸을 재촉하는 도구가 된다. 과학과 가치관의 관계, 과학적 지식의 객관성과 가치관의 주관성의 관계, 즉 자연과학과 인문학의 관계에 비춰볼 때 인문학의 중요성이 이해될 수 있다.

3
인문학의 가치

과학은 두 가지 측면에서 인간의 승리를 말해주는 가치를 지닌다. 자연현상에 대한 일종의 객관적 지식이라는 점 자체로서 과학은 순수한 지적 가치를 갖는다. 왜냐하면 앎은 빛이요, 빛은 해방이요, 해방은 자유요, 자유는 기쁨이기 때문이다. 지식으로서의 과학은 또한 도구적 가치를 다른 어떤 분야의 지식보다도 더 잘 발휘한다. 과학기술이 인간에게 가져온 혜택을 의심할 사람은 없을 것이다.

과학은 이와 같은 귀중한 가치를 지니고 있지만, 과학이 자처하는 바와는 달리 지식으로서 편협하다. 그러한 지식의 기술적 결과로서 과학은 무서운 위험성을 내포하고 있다. 특히 하이데거와 같은 독일의 실존주의 철학자나 마르쿠제와 같은 마르크스주의 철학자에게 과학은 사물현상에 관한 진리를 보여주지 못한다. 아무리 엄격한 과학적 지식이라고 해도 그것은 사물현상의 한 측면만을 드러냄에 지나지 않는다. 사물현상은 과학만으로는 서술될 수 없고 그 밖의 다른 방식, 예를 들면 예술적 표상을 요청한다는 것이다. 만약 과학적 표상만을 보고 그것이 사물현상을 객관적으로 보여준다고 생각하면 착각이다.

과학적 지식이 기술화되어 그 결과가 인류에게 가져온 혜택은 자명하나, 반면에 과학적 기술의 발달과 무계획적 이용은 인류뿐만 아니라 지구상의 모든 생명의 종멸을 가져올 위험성을 다분히 내포하고 있다. 상상만 해도 끔찍한 이러한 가능성은 지난 30여 년 전부터 이론적 가능성에 머물지 않고 자칫하면 현실로 될 징후가 여러 가지 구체적 형태로 나타나게 되었다. 한 민족, 한 국가, 한 지역을 초월해 현재의 인류는 과학기술의 발달에 따른 이러한 절박한 위험에 직면하게 되었다.

이러한 상황에서 과학적 지식을 축적하고 과학기술을 개발한 우리는 이제 그러한 지식의 의미와 그러한 기술적 가치에 대해 생각해야 한다. 우선 무엇 때문에 과학기술을 개발해야 하는지 반성해야 하고, 만일 일반적으로 보아 과학기술 개발에 대한 가치를 인정했을 경우에는 구체적으로 어떤 목적, 어떤 가치를 위해 어떤 기술을 어떻게 개발하고 사용할 것인지 결정해야 한다. 그렇지 않고 맹목적으로 과학기술을 개발하는 것은 위험하다. 그뿐 아니라 이러한 결정을 하기 위해서는 우리가 추구하는 가치, 이룩하고자 하는 가치에 대한 반성이 필요하다. 왜냐하면 우리가 선택했다고 해서, 그리고 우리가 추구한다고 해서 그 가치나 목적이 타당한 것은 아니기 때문이다. 그런 목적이나 가치가 잘못된 것일 수도 있다는 것이다.

과학기술의 위험성을 극복하기 위해 우리가 해야 할 가장 근본적인 작업은 과학기술을 가능하게 하는 과학적 지식이 지식의 전부가 아니며, 과학적 지식이 사물현상에 대한 가장 정확한 진리를 보여주는 것이 아니라는 점을 인정하는 것이다. 과학적 지식의 위대함을 인정하더라도 그러한 지식의 단편적 성격에 눈을 떠야 한다. 요컨대 우리는 인식의 차원에서부터 과학 제일주의의 환상을 깨고, 그 다음으로 실용의 차원에서 과학기술 만능주의의 착각에서 벗어나야 한다.

오늘날 인류가 과학기술 때문에 처하게 된 절박한 위기를 극복하기 위해서는 사물현상을 과학이라는 하나의 부분적이고 단편적 시각에서 보는 습관을 깨뜨리고 모든 것을 상호간의 관련 속에서 총체적으로 보는 안목을 우선 갖추어야 한다. 그러한 시각에서 우리가 추구하는 가치, 우리가 세운 목적의 의미를 늘 반성하고 재검토하는 능력을 갖춰야 한다. 이러한 능력을 갖추지 못하면 그릇된 가치를 추구하고 잘못된 목적을 위해 과학기술을 개발하고 활용하게 될 것이다.

그렇다면 사물을 반성적으로 또 전체적으로 볼 수 있는 지식을 어디서 찾아야 하고, 무엇을 통해 배워야 하며, 바른 가치를 어떻게 선택해야 하고, 그렇게 할 수 있는 능력을 어떻게 배울 것인가? 이러한 맥락에서 인문학, 즉 철학, 문학, 예술, 역사 등의 학문의 절대적으로 중요하다.

인문학이야말로 반성적 사고의 결정이며, 사물현상, 우리의 활동, 우리가 추구하는 목적 등에 대한 의미와 가치를 부단히 반성·비판하고 그것을 수정·보완하여 새로운 가치를 시험하고 창조하는 마당이다. 역사를 통해 우리는 과거 인류가 생존하며 추구했던 것이 무엇인지 배우고, 문학작품·예술작품을 연구하고 감상함으로써 우리는 인류가 무엇을 생각하고 어떻게 느끼며 어떠한 가치를 위해 고민하고 살아왔는지 배운다. 그리하여 우리는 삶에 대해서, 특히 인간의 삶에 대한 체험을 간접적으로 넓히고 이해를 보다 심화시킬 수 있다. 예술작품을 연구함으로써 과학적 방식으로는 물론 어떤 다른 방식으로도 표현할 수 없는 인간의 생각, 감수성, 가치를 발견하게 된다. 한편 기존의 문학·예술작품에 대한 연구와 해석이 아니라, 자신이 그것들을 창조하는 작업을 통해서 우리는 우리 자신의 지성과 감수성을 보다 예리하게 닦고 이를 바탕으로 새로운 관점과 가치를 창조하며 실행할 수 있다. 과거의 위대한 철학자들의 저술을 통해 우리가 미처 생각지 못했던 문제와 그 해결방법을 생각하게 되고, 더 나아가 우리 스스로 문제를 제기하고 해결하며, 모든 문제를 비판적·조직적으로 사고하는 능력, 즉 철학적 사고의 힘을 기른다.

과학적 지식은 물론 모든 지식이 인간이 선택한 가치와 궁극적으로 떼어 생각할 수 있음을 상기할 때, 그리고 모든 과학기술의 발달이 어떠한 목적을 전제함으로써만 결정되고 의미를 갖는다는 것을 새삼 깨달을 때, 위와 같은 기능과 내용을 가진 인문학의 교육이 모든 사람들에게 특히 긍정적일 수 있고 부정적일 수도 있는 양면의 힘을 잠재적으로 발휘하는 과학에 종사하는 사람들에게 얼마나 큰 중요성을 갖는지를 쉽사리 짐작할 수 있다.

과학의 힘이 더욱 압도적으로 지배하게 된 오늘날의 과학자들은 물론 인문학 종사자들까지도 인문학의 의미에 회의하는 경향이 있다. 그 이유는 하나의 철학적 논리, 한 편의 시, 한 곡의 음악이 일상생활에서 당장 필요한 것도 아니고, 그 자체가 상품이 될 수 없는 데 있다. 그러나 필자의 논지에 어느 정도 근거가 있다면, 이러한 생각이 잘못된 것임을 쉽게 이해할 수 있을 것이다. 당장 보기에 생활에 물질적 기여도 하지 못하고 당장 상품이 될 수도 없고 별로 유용해 보이지 않는 인문학이지만, 좀 더 신중히 생각하고 분석하면 그것이 얼마나 중요한지 알게 된다. 인문학의 작업이 자연과학적 작업과는 무관해보일 뿐만 아니라 때로는 자연과학의 발전에 저해가 될 수 있어 보일지도 모르지만, 인문학은 과학과 불가분의 관계에 있으며, 과학적 작업에 이미 인문학적 작업이 전제되어 있음을 잊어서는 안 된다.

한 개인, 한 사회에 있어 인문학적 소양이 교육적으로 중요하다는 주장은 그런 소양이 과학적 소양보다 더 귀중하다든가 과학 교육이 중요하지 않다는 뜻은 전혀 아니다. 필자는 과학이 인류의 복지를 위해 이룩한 공헌을 누구보다도 인정하고 싶고, 자연과학 교육을 더욱 강조하고 싶다. 기술력과 경제력의 국제 경쟁시대에서 최소한 우리의 생존을 위해서라도 과학 교육은 더욱 강조되어야 한다.

그러나 과학 교육의 중요성은 인문학 교육의 중요성과 배치되지 않는다. 필자가 여기서 강조하고자 하는 것은 최대한 시간과 정력을 할애해서라도 전문 과학자와 과학도들에게 인문학 교육이 필수적인 교육이 되어야 한다는 점이다. 과학도에게 있어 인문 교육은 비단 한 인간으로서 뿐만 아니라 과학도로서도 중요하다. 이러한 점을 강조하는 이유는 오늘날 과학과 기술 교육을 중요시한 나머지 인문 교육을 지나치게 소홀히 하는 분위기를 사회에서, 더 좁게는 교육계에서 강하게 느낄 수 있기 때문이다.

과학자에게 인문 교육을 시킬 필요성을 인정한다 하더라도 과학 교육과 비교해서 인문학 분야에 얼마만큼의 비중을 부여해야 하는가 하는 문제가 남아 있다. 이러한 문제에 대한 대답은 사회와 국가가 처한 상황에 따라 달라질 것이다. 만약 한 사회가 다른 사회에 비추어 기술적으로 크게 낙후된 상태라면, 과학기술 교육이 더욱 강조되어야 할 것이다. 한 국가가 전쟁이라는 위기에 처해서 패배를 면하려고 모든 과학적 기술을 최대한 동원하고자 한다면 마땅히 과학기술은 잠정적으로나마 더욱 강조되어야 할 것이다. 개인의 관점에서 볼 때 나의 생계를 위해서 과학적 지식의 축적, 과학 기술의 습득이 다급하지 않다고 볼 때 나는 인문학을 더욱 중요시할 수 있다. 과학 교육과 인문 교육의 비중을 모든 학교와 학생들에게 일률적으로 적용시킬 필요는 없다. 어느 분야의 학생을 위한 교육이냐에 따라 달라져야 한다. 다만 전문기술 교육을 목적으로 하는 교육이라도, 고도로 전문화된 과학자를 양성하는 고등 교육이라도, 정도의 차이는 있더라도 인문 교육은 반드시 필수 교육이 되어야 한다.

10장 | 둥지로서의 지식과 그 너머

포스트모더니즘의 큰 사조를 타고 인문사회과학만이 아니라 자연과학의 학문적 위상, 그것들 간의 관계 그리고 지식일반의 정통적 정체성까지도 흔들리고 있는 오늘날의 상황에서 나는 지식을 '관념의 둥지'로, 학문을 그러한 '둥지 틀기 작업'으로 규정하고, 이러한 규정에 비춰 자연과학과 인문사회과학의 관계 및 학문일반의 기능에 대한 재정리를 도식적으로 시도하고자 한다.

1
신념 · 지식 · 학문의 개념들

지식이란 무엇이며, 그 중요성은 어디에 있을까? 모든 동물의 삶은 곧 끝없는 행동의 과정이자 그 총체이다. 삶이 곧 앎 · 정보 · 지식은 아니고 지식이 곧 삶은 아니지만, 그 둘은 언제나 뗄 수 없이 연결되어 있다. 행동을 주어진 환경에 대한 적응과 대응으로 규정할 수 있다면, 이는 환경에 대한 각기 나름대로의 객관적 정보 즉 지식을 전제하기 때문이다. 쥐가 고양이를 고양이로 인식하지 못하면, 톰슨가젤이 치타를 치타로 인식하지 못하면, 그 자신의 죽음은 물론 종의 멸종을 피할 수 없게 될 것이며, 한 개인으로서 내가 농약을 막걸리로 인식하고 마신다거나, 한 집단으로서 국가가 다른 국가의 침략계획을 감지하지 못할 경우, 나의 죽음과 국가의 멸망은 피할 수 없다. 자연적·가시적 및 문화적·비가시적 환경에 대한 지식의 중요성은 절대적이며, 앎에 대한 욕구가 인간의 본성이 된 것은 우연이 아니다. 모든 지식의 뿌리, 그 의미 그리고 그 가치는 삶이다. 실천적 삶과 완전히 분리된 '순수한' 앎과 활동이란 존재하지 않는다.

지식은 어떤 대상에 내재된 속성을 발견하여 그것을 다른 것과 구별하여 이름을 붙일 수 있는 지각 능력을 지칭하기도 하고, 어떤 현상적 변화의 이치를 설명해주는 이론을 뜻하기도 한다. 어떤 지각대상을 썩은 새끼줄로 지각하거나 반대로 뱀으로 보거나, 개와 늑대를 분류하는 지각능력이 전자의 지식에 해당하고, 사과나무에서 사과가 떨어지는 현상을 만물에 내재되어 있고 전제된 휴식 목적 때문이라는 아리스토텔레스의 주장이나 자연을 지배하는 만유인력이라는 기계적인 인과법칙에 따른 것이라는 뉴턴의 설명 모두 이론적 지식에 속한다.

이론적 지식이 지각적 지식을 전제하지만 지각적 지식은 이론적 지식을 전제하지 않고, 모든 학문은 지식의 일부이지만 모든 지식이 학문의 일부는 아니다. 이론적 지식만이 학문에 속한다. 학문으로서의 지식의 본질은 감각기관으로 지각할 수 있는 '다양한 단독적' 현상들의 원인을 비가시적이고 관념적인 '단일한 보편적' 원리에서 찾는 데 있다.

지식은 반드시 무엇 즉 어떤 대상에 대한 지식이며, 그 대상은 물리적인 것으로 우주라는 방대한 존재이거나 뉴런이나 쿼크라는 미세한 존재일 수도 있으며, 비물리적인 것으로는 신·영혼·의식 등을 포함한 초월적·영적·심리적 존재까지를 포함하기도 한다. 대상 전체의 어느 부분을 어느 차원에서 거시적으로 혹은 미시적으로, 단독적으로 혹은 복합적으로 접근하느냐에 따라서 천문학, 양자역학, 거시물리학, 화학, 생물학, 식물학, 의학, 전자공학, 지질학, 심리학, 경제학, 정치학, 수학, 언어학, 간호학, 종교학, 철학, 사회학, 역사, 문학, 미학 등 많은 학문들이 성립된다.

그러나 지식의 대상으로서의 모든 것을 총칭하는 자연·우주를 그 경계가 분명한 무수한 대상으로 구별하여 서로 완전히 독립된 각기 고유한 학문으로, 그것도 각기 상이한 방법으로 세울 수 있는가? 딜타이는 '자연과학'과 '정신과학' 즉 인문사회학을 확연히 구별하고 두 학문의 지식에 대한 양식과 원리를 '인과적 설명'과 '의미론적 이해'라고 주장했다. 그는 지식대상으로서의 우주라는 현상 전체 안에서 적어도 물리적인 것과 정신적인 것 사이에 분명한 존재론적 경계가 있다는 것을 전제하고 자연과학과 정신과학은 각기 다른 방법론을 채택한다고 주장했다.

과연 그 대상의 차이에 따라 각기 다른 방법 즉 다른 원리로만 설명될 수밖에 없을까? 만일 모든 현상을 단 하나의 동일한 원리원칙으로 설명하고자 하는 지성의 내재적 본질이며 학문의 궁극적 이상이라면, 이러한 이상이 오늘날 자연과학을 대표하는 물리학에서 시도하는 '모든 것의 이론Theory of Everything'으로 표출되고 있다면, 고대로부터 존재해온 신화와 전설, 힌두교·무교·불교·기독교 등과 같은 종교적 세계관이나 유교·

도교와 같은 사상체계, 플라톤·칸트·헤겔 등의 철학체계, 다윈의 진화론, 프로이트의 정신분석학, 모노의 유물론적 환원주의 등은 현상들 사이의 존재론적인 절대적 경계를 부정하고 모든 현상을 단일한 원리로 설명하려는 시도들로 볼 수 있다.

그렇다면 대상들 사이의 형이상학적 즉 원천적 차이는 하나의 환상에 지나지 않고, 지식의 궁극적 꿈은 실현 가능하다. 프랑스의 철학자 리오타르의 주장에도 불구하고 국지적 이야기, 이론을 넘어서 거대 이야기, 이론에 대한 프로젝트는 여전히 유효하며, 총체적 지식에 대한 이상은 여전히 가능하다. 지식은 단 하나의 동일한 원칙과 방법에 의해 획득될 수 있으며, 모든 학문은 궁극적으로 단 하나의 거대 학문으로 통일될 수 있을 것이다. 지금까지의 모든 종교적·철학적 세계관이 지향했던 바와 같이 지식대상의 경계를 넘은 대상은 원칙적으로 존재하지 않을 수 있고, 지성의 꿈이 실현될 가능성은 아직 상존한다.

그렇지만 꿈과 현실은 다르다. 지식은 어떤 객관적 대상이나 현상으로서의 존재 자체가 아니라 그러한 것들에 대한 인식주체의 주관적 신념의 표현이지만, 모든 신념이 자동적으로 지식이지는 않다. 주관적 신념은 그것이 참, 즉 객관적으로 진리일 때에만 지식이 된다. 신념이 주관적으로 확고하더라도 사정은 마찬가지이다. 모든 것을 하나의 원리원칙에 의해서 설명했다고 자처하는 많은 철학자, 종교가, 사상가, 과학자들이 서로 상충되는 원리원칙이라는 사실은 최선의 경우 위의 설명이나 이론들 가운데 단 하나만 옳거나 최악의 경우 모두 틀렸음을 입증한다. 어떤 동일한 대상을 두고 한 사람은 '썩은 새끼줄'로, 다른 사람은 '뱀'으로 믿는다면, 두 사람의 신념이 아무리 완강하더라도 두 신념이 모두 착각이거나 최소한 두 신념 가운데 하나는 잘못된 것일 수밖에 없기 때문이다.

이러한 사실은 개인적인 믿음뿐만 아니라 집단적인 믿음에도 똑같이 적용된다. 아무도 의심하지 않았던 천동설에 대한 믿음이 코페르니쿠스의 지동설에 대한 믿음으로 대체되었고, 삼각형 내각의 총합이 180도라는 유클리드 기하학의 신념은 독일의 수학자 리만의 기하학에서 잘못된 것으로 드러났다. 믿음과 신념 가운데는 참인 것과 그렇지 않은 것이 있고, 참인 믿음만이 지식에 속한다.

중요한 것은 참된 신념, 즉 진리로서의 지식이다. 지식을 참된 신념·진리로 규정한다면, 지식의 문제는 참된 신념과 그렇지 못한 신념 즉 신념의 진위를 구별하는 잣대를 발견 혹은 설정하는 문제로 바뀐다. 그러한 잣대가 설정되지 않고서는 진리로서 의미 있는 지식이 불가능하기 때문이다. 진리의 정의가 전제되지 않고는 상이하거나 모순되는 수많은 신념들 가운데서 어떤 것이 지식인지를 가려낼 수 없고, 어떤 것이 지식인지가 결정되지 않는 상황에서 올바른 행동을 선택하여 주어진 환경에 가장 바람직한 방향으로 적응하는데 아무런 도움도 되지 않기 때문이다.

2
지식과 진리의 잣대와 상대주의

진리란 무엇인가? 우리는 진리를 우리의 인식 이전에 객관적으로 이미 존재하여 발견될 수 있는 어떤 종류의 대상으로 생각하기 쉽다. 그러나 진리는 우리의 인식과 판단에 독립해서 그 이전부터 존재해오는 객관적 대상이 아니라 대상에 대한 우리의 주관적 인식과 판단이라는 가치평가적 개념이다. 강아지가 객관적으로 존재하지만, 그 자체는 진리도 아니고 허위도 아닌 그냥 '강아지'라는 동물일 뿐이다. 진리는 그 강아지를 보고 누군가가 '누렇다' 혹은 '침을 흘린다'라고 진술할 때에 그 진술에 대한 긍정적 판단을 뜻한다. 그러나 모든 판단은 판단의 잣대 즉 기준을 전제한다. 이 시점에서 진리의 핵심적인 문제는 위와 같은 판단의 잣대와 근거를 발견하는 문제로 바뀐다.

그 잣대를 전통적으로는 주관적 신념·진술과 판단대상과의 일치·상응으로 생각해왔다. "이 강아지는 누렇다"는 명제가 진리인 근거는 강아지의 털이 실제로 누렇다는 사실, 말하자면 진술과 진술의 객관적 일치에 있다는 것이다. 이것이 바로 '진리의 상응론相應論'의 골자이다. 그러나 이러한 진리의 규정이 곧바로 진리의 잣대로 사용될 수 없고, 따라서 대상에 대한 믿음이 지식임을 자동적으로 보장하지 못한다. "강아지의 색깔은 누렇다"는 지각적 명제, 혹은 "사과가 땅으로 떨어지는 것은 지구의 중력 때문이다"라는 두 가지 예와 같은 종합적 명제나 "총각은 미혼 남자이다"라든가

"5+7=12"라는 분석적 명제들이 실제로 사실과 일치해야 함을 의심 없이 즉 어떠한 경우에도 이성을 가진 모든 인간이 공감할 수 있도록 증명해야 하기 때문이다.

서양철학의 중심에는 이러한 객관적·보편적 진리의 잣대를 찾아내고자 하는 정초주의적 인식론 foundational epistemology의 문제가 도사리고 있다. 소크라테스와 소피스트들과의 논쟁, 플라톤의 이데아론, 데카르트의 방법론, 칸트의 선험철학, 후설의 현상학, 카르납의 논리실증주의는 한결같이 대상의 속성에 대한 믿음의 결정적 근거를 찾고 그 연구방법을 제공하고자 하는 다양한 시도였다. 플라톤의 '이데아Idea'라는 실체의 직관, 데카르트의 '분명하고 또렷한clair et distinct한 직관', 칸트의 '선험적 범주', 후설의 '본질 직관', 카르납의 지각적 경험과 논리를 합친 '입증 방법' 등이 한결같이 어떤 명제의 진리, 더 분명히 말해서 진위를 결정하는 잣대로 제시되었다.

그러나 서양철학에서는 이러한 진리의 잣대를 부정하는 지식 상대주의가 이미 고대 그리스 시대부터 오늘날 문화의 흐름을 지배하는 상대주의적 포스트모더니즘으로 이어지고 있다. 프로타고라스의 '모든 것에 대한 인식의 척도로서의 인간'이란 개념, 흄의 경험주의적 인식론, 헤겔의 역사적 진리관, 콰인의 전일주의적 인식론, 핸슨의 지각의 이론적재성 이론, 쿤의 패러다임 의존적 과학 이론, 괴델의 수학적 진리의 불완전성, 데리다의 '해체주의에 의한 후설의 현상학 비판', 로티가 주장하는 '연대 가치에 의한 진리 가치의 대치' 등에 의해서 '대상과 그것에 대한 진술 사이의 일치로서의 진리관'은 근본적으로 부정되고, 지식의 역사성·사회성·문화성·실용성에 따른 상대성 즉 한계성이 주장되어왔다. 이러한 까닭은 모든 믿음의 근거는 궁극적으로 '직관'에 의존해야 하는데, 직관은 데카르트와 후설이 생각했던 만큼 신뢰할 수 있는 인식 양식이 아니기 때문이다.

인식·지식·진리에 대한 위와 같은 한계성, 즉 인식·지식·진리라는 말이 '객관적' 대상 '자체'가 아니라 어떤 대상에 대한 인간의 관념적 해석, 표상에 지나지 않는다는 아주 기본적 사실을 인정할 때 인식·지식·진리의 한계는 분명해진다. 딜타이는 상대적이 아닌 객관적 학문의 가능성을 인정하고 모든 학문을 자연과학과 정신과학의 지식 양식을 설명적 지식과 이해적 지식으로 구별했고, 모노와 윌슨은 모든 학문이 동일한 과학적 방법, 즉 물리적 인과법칙에 의해 통일될 수 있다고 생각했다. 그러나 어떤 대상과 그에 대한 우리의 인식에 존재하는 위와 같은 근본적 관계를 인정할 때, 딜타이의 학문의 구별은 무의미하고, 모노와 윌슨의 모든 것에 대한 '완전하고' '정확한' 지식의 획득, 즉 진리의 발견은 원천적으로 불가능하다. 이러한 사실은 괴델의 수학적 진리 타당성의 '완전 증명의 불가능성 공리'와 경험적·종합적 명제는 물론 분석적 명제의 진위를 다루는 수학이나 논리학에도 동일하게 적용된다. 그렇다면 플라톤, 데카르트, 후설이 추구했던 절대적으로 확실한 지식에 대한 꿈은 실현할 수 없는 환상이다.

지식과 진리는 과거 철학자와 과학자들이 전제했던 바와는 달리 플라톤적 이데아와 같이 영원히 불변하는 객관적 대상의 발견과 그것의 관념적 반영·복사가 아니라 칸트의 인식론이 주장하는 바와 같이 인간에 의한 관념적 재구성이기 때문이다. 우리가 보는 개나 산, 우리가 이해하는 지동설과 만유인력 법칙, 우리가 믿는 생물의 진화와 세상은 그 자체가 아니라, 우리가 부분적으로 혹은 총체적으로 의식하고 접하는 특정한 감각현상이나 작동현상에 대한 주체로서 우리가 갖고 태어난 감각적·논리적 능력에 의존해서 재구성한 관념적 공산품에 지나지 않는다. 이러한 모든 것이 인식주체의 의식구조에 의해 재구성된 것이며, 인식구조는 생물학적 주체마다 다르기 때문에 동일한 객관적 대상은 생물학적 종에 따라 필연적으로 달리 재현·구성된다. 새나 강아지의 눈에는 새가 새로 보이지 않고, 산이 산으로 인지되지 않으며, 인간이 구별한 색깔들이나 삼각형, 원, 태양이나 바다가 존재하지 않을 수도 있다.

이런 점에서 똑같은 시간과 공간 속에서도 인간과 그 밖의 동물들은 물론, 한 동물과 다른 동물은 전혀 다른 세계를 인식하고, 똑같은 인류라도 인간이 사는 자연적·문화적 공간과 시대에 따라 서로 달리 세계를 인식하고, 시간적·공간적으로 동일한 세계에 놓여 있더라도 한 인간의 지식, 능력, 가치관, 성격에 따라 자신들의 자연적·문화적 환경을 다르게 재구성함으로써 다른 세계를 조직한다.

세계는 자연적인 것이 아니라 인공적인 것이며, 그러한 세계는 구성자의 필요와 능력에 따라 무한히 다양한 양식으로 설계되고 존재한다. 신화, 종교, 철학, 예술, 과학 등은 모두 개별적으로는 단독적·일반적·총체적 구성 양식인 동시에 그러한 양식으로 구성된 구조물 자체이기도 하다. 오늘날 과학적·철학적 구성 양식만이 지식이 될 수 있다고 생각하는 경향이 있지만, 사실 과학은 여러 세계구성 양식들 가운데 하나에 지나지 않고, 과학적 지식은 여러 지식 양식들 가운데 하나의 양식에 불과하다. 과학적 지식이 다른 양식의 지식과 다른 점은 그것의 절대적 객관성에 있는 것이 아니라 형상을 예측하고, 그러한 예측에 따라 도구를 제작하며, 자연을 정복하려는 목적에 가장 유용하게 사용되는 데 있을 뿐이다.

관념적 구조물로서 지식의 양식은 개별적 현상들에 관한 지식의 경우 개별 주택에 비유할 수 있고, 포괄적 대상으로서 세계에 관한 지식인 경우에는 촌락이나 도시의 구조에 비유할 수 있다. 주거의 기능이 공간적, 역사적, 자연적, 문화적으로 주어진 특정 여건들에서 인간이 가장 행복할 수 있는 삶의 거처 즉 집인 것과 마찬가지로 지식의 기능은 인간이 지적으로 행복을 느낄 수 있는 관념적 건축물이다. 그 거처는 단독적 현상을 대상으로 한 지식인 경우 단독주택에 해당하고, 모든 현상들을 하나의 총체적 대상으로 한 지식인 경우 마을 혹은 도시에 해당된다. 그리고 이러한 관념적 구성으로서의 지식은 신화, 종교, 문학, 예술, 형이상학, 과학 등의 학문적 형태로 나타난다. 위와 같은 분과 학문들은 물론, 그 밖의 우후죽순처럼 늘어나는 학문들은 총체적 지식으로서의 세계관이라는 지적 건축물을 위한 다양한 부분적인 분과 작업이다.

3
지식의 건축 모델로서의 둥지

여기서 우리는 다음의 두 가지 물음에 답해야 한다. 첫째, 세계관으로서의 건축물·집의 구체적 모델은 어디서 찾을 수 있는가? 둘째, 이러한 건축물·집에 가장 가까운 건축의 예를 여러 학문들 가운데 어떻게 찾을 수 있는가? 셋째, 세계관으로서의 건축물·집의 평가 기준은 무엇일까?

첫 번째 물음에 대한 답으로 나는 서슴없이 '산새들의 둥지'를 말할 것이다. 그 이유는 다음과 같다. 우리는 지각대상을 물, 돌, 나무, 산, 개, 사람, 삶, 빨간색, 푸른색, 집, 자동차, 자연, 문화, 세계, 우주 등의 명칭을 붙여 개념화하고, 그러한 것들을 구별하여 인식대상으로 묶어 각기 다른 학문의 영역으로 나눈다. 그러나 그러한 것들의 경계가 분명한 것도 아니며, 따라서 실제로 서로 분리되어 존재하지 않는다. 모든 것들의 차이와 구별의 경계는 언제나 불분명하고, 모든 것은 절대적으로 서로 간에 구별할 수 있는 하나의 전체, 세계, 우주로만 존재한다. 이러한 사실은 우리가 인식하는 모든 개별적 대상들, 그것들의 총체로서의 자연 그리고 우주의 본질이 서로 뗄 수 있는 미립자가 아니라 초끈이론super-string theory이 보여주는 무한히 가늘고 긴 '끈'들이 씨줄과 날줄로 한없이 복잡하게 얽힌 구조임을 말해준다.

지식을 의식대상의 표상으로 정의하고, 그러한 표상을 관념적 집에 비유한다면, 나는 그 집 건축구조의 가장 분명한 사례와 모델을 새의 둥지에서 발견한다. 새의 둥지는 초끈이론이 주장하는 모든 존재 본질의 표면인 동시에 그러한 존재의 본질을 가장 잘 담아낼 수 있는 존재의 표상으로서의 '지식'이라는 이름의 관념적 집 혹은 학문의 모델이 되며, 그렇게 되어야만 한다.

보라! 새 둥지의 구조는 나뭇가지, 마른 풀, 이끼, 새털, 흙 등이 씨줄과 날줄로 한없이 복잡하고 엉성하게 엮어졌음에도 불구하고 그것의 기술적 정교함, 내재적으로 그 집의 재료들 사이의 조화와 외재적으로 주변 자연조건과의 완벽한 조화를 이룬다. 둥지는 구조물이라는 점에서 일종의 문화적 존재이며, 동시에 자연의 일부이다. 둥지에서 자연과 문화, 구조적인 것과 자연적인 것 사이의 경계는 있으면서도 없고, 없으면서도 있다. 둥지의 구조는 그것을 구성하는 내재적 요소들 사이의 관계적 측면에서나 그것을 둘러싼 외부 환경과의 관계적 측면에서 볼 때 모두 유기적이며 생태학적 모델로 볼 수 있다. 이러한 점에서 둥지는 건축의 백미이며, 그러한 집을 지을 수 있는 새들은 가장 뛰어난 재능을 가진 타고난 예술적 건축가들이다.

두 번째 물음에 대한 답은 세계관으로서의 철학적 체계이다. 오늘날 세분화되는 학문의 추세에 따라 철학도 한없이 세분화되어 특정한 문제에만 천착하는 경향을 띠게 되었다. 리오타르의 말대로 오늘날의 철학은 '거대 담론'을 접어두고 다양한 '작은 담론·이야기'만 할 수 있게 되었다는 것이다. 한편으로는 분석철학이 다른 한편으로 후설의 현상학이 이러한 경향을 대변했다. 그러나 플라톤, 아리스토텔레스, 칸트, 헤겔, 화이트헤드, 비트겐슈타인, 콰인, 노자 등과 같은 위대한 철학자와 사상가들이 그랬듯이 철학의 궁극적 목적은 모든 것이 동시에 거주할 수 있는 관념의 집으로서의 가장 만족스러운 세계관을 구축하는 데 있었으며, 현재도 마찬가지라고 확신한다. 철학은 종교 즉 불교, 노장의 사상과 같은 사념적 사상 체계와 같이 모든 것을 종합적으로 인식하면서도 다른 영역의 사상체계와는 달리 이성적으로 납득할 수 있는 과학과 수학에서처럼 정확성과 확실성을 추구한다는 점에서 다르다. 그러나 정확성과 확실성을 추구한다는 점에서는 과학적·수학적 사고와 유사하지만, 사유와 지식의 영역을 물리적 현상이나 논리적 추리에 한정하지 않는 점에서 종교 즉 불교와 도교와 같은 사념적 사상체계와 유사하다. 그런 관점에서 철학 이외의 자연과학을 포함한 모든 학문은 세계관으로서의 철학이라는 단 하나의 거대한 관념적 집을 가장 견고하고 정밀하게 짓고, 그 외부와 내부의 이상적 설비를 갖추기 위한 기술적·부분적 작업으로 파악할 수 있다.

세 번째 물음에 대한 대답은 행복이라는 내용적 가치, 정교함의 기술적 가치, 조화라는 미학적·형식적 가치를 통합한 것이다. 세계 전체에 대한 통합적 지식 즉 어떤 관념적 세계라는 집의 건축으로서의 철학적 체계가 단 하나만이 아니라 다양하게 존재해왔고, 앞으로 더욱 다양한 철학을 구상할 수 있다면, 그것을 평가하는 기준은 인간을 비롯한 모든 생명체의 근본적 지향이 생물학적 안정성, 다양한 본성적 욕망충족, 모든 주변적 여건과의 조화를 통한 행복에 있다고 할 때, 행복이라는 가치가 한 관념적 세계로서의 철학이라는 지적 둥지를 평가하는 궁극적이고 종합적 잣대가 되어야 함은 당연하다.

4
지식의 너머

논리실증주의 철학자나 모노와 윌슨과 같은 과학자가 전제하거나 주장하고 있는 것처럼 자연과학적 지식만을 유일한 지식으로 규정하고, 딜타이를 따라 자연과학과 정신과학 사이의 절대구별을 전제한다면, '지식의 너머'라는 물음에 대한 답은 '아니오'이다. 왜냐하면 과학자들이 주장하고 있는 바와 같이 정신과학, 즉 인문사회학의 대상도, 자연과학이 객관적으로 존재한다고 전제하는 물질로 환원하여 자연과학적 방법에 의해서 물리학적 현상으로 환원해서 설명할 수 있는 이론적 가능성이 전망되기 때문이다.

그러나 이 물음이 인간이 아직 보지 못한 초월의 세계를 포함한 어떤 대상이나 설명하지 못한 현상이나 사건이 있는가를 묻는 것이라면, 이에 대한 답은 '그렇다'이다. 실제로 자연과학을 비롯한 여러 학문적 영역에서 현재에도 수많은 새로운 현상들이 발견되고 있고, 설명들이 나오고 있으며, 앞으로 이러한 학문의 발전은 지속될 것이 분명하기 때문이다.

그러나 이 물음이 의식적 주체에 의해 관념화되지 않은 즉 무엇이라는 이름이 붙여져 인식되고 서술되지 않거나 서술될 수 없는, 또는 그 이전의 대상, 현상, 사건, 더 총체적으로 세계가 존재하느냐고 묻는 것이라면, 이에 대한 답은 분명히 '아니오'이다. "사실은 존재하는 것은 지각된 것이다"라는 버클리의 명제나, "사실은 존재하지 않고 해석만이 존재한다"는 니체의 명제나 "텍스트 바깥에는 아무것도 없다"는 데리다의 명제 모두, "지식이란 사물이나 사실이 아니라 그러한 사물이나 사실의 인식주체에 의한 참된 관념"이라는 지식에 대한 나의 정의의 다른 표현에 불과하고, 나의 정의가 자명한 진리라면, 세 철학자들의 명제들도 똑같이 옳은 말이다.

의식을 가진 인간의 지적 세계는 오로지 관념적 세계이며, 인간은 의식을 갖고 있는 한 관념의 세계 바깥, 즉 지식의 세계를 넘어설 수 없다. 그러나 이러한 사실은 이미 구성된 나의 관념 바깥에 아무것도 없다는 말은 결코 아니다. 그것이 의미하는 것은 지식의 둥지, 우리의 관념적 우주는 계속되는 돌발현상들을 새롭게 포괄하여 전체적인 관념적 건축을 위해 기존의 건축물을 계속해서 리모델링해야 한다는 것이다. 말할 수 없는 것은 아무것도 말할 수 없는 '그냥 무엇', 즉 지식 바깥의 막막하고 막연하며 아무런 '의미가 없는 현상 일반', 존재 일반, 한 마디로 X일 뿐이다. 그것이 나타나기 위해서 즉 X나 Y로 존재하기 위해서는 인간의 인식적 개입을 필요로 한다.

11장 | 학문의 통합과 둥지 철학

1
인문학과 자연과학의 통합은 어떻게 가능한가

인간에게 앎은 삶을 전제하고 앎이 전제되지 않은 삶은 불가능하다. 번영은 물론 최소한의 생존을 위해서라도 인간은 자신이 처해 있는 구체적 환경을 지각하고, 가능하면 그것의 작동원리로서의 자연법칙을 찾아내서 환경의 변화를 최소한 예측할 수 있어야 한다. 앎은 바로 이러한 예측 능력이자 그 방식이다. 그것이 서로 다른 개별적 현상들을 단 하나의 통일된 원리에 의해서 개념적으로 통일하여 실증적인 동시에 논리적으로 수미일관하게 설명할 수 있는 이론으로 발전할 때, 그것에는 학문 즉 넓은 뜻으로서의 사이언스science라는 이름이 붙는다.

지적 욕망이 인간의 본성이라면 지식의 궁극적 꿈은 우주 삼라만상에 대해서 단 한 가지 실체나 혹은 보편적 원리에 의한 수미일관한 설명이다. 모든 것은 물로 환원된다고 믿었던 이오니아 반도의 탈레스, 유일신에 바탕을 둔 서양의 종교, 모든 현상을 음과 양의 두 우주적 속성으로 설명하려는 중국의 성리학, 모든 것을 브라만이라는 실체로 설명하려 했던 인도의 힌두교가 바로 그러한 지적 꿈의 원초적 표현이었다. 동일한 꿈이 한편으로는 뉴턴의 '만유인력'과 아인슈타인의 '상대성이론'의 근대 과학 이론에서, 다른 한편으로는 칸트의 '선험철학'과 헤겔의 '정신현상학'의 근대철학에서 발현되었다. 위와 같은 인간의 지적 꿈은 20세기 초 모리스를 중심으로 한 몇몇 논리실증주의자들이 일으킨 철학적 '통일과학'을 위한 운동으로 계승되어 왔다.

지적 탐구에 내재된 이 같은 꿈에도 불구하고 과학 지식의 끊임없는 확장과 발견 그리고 축적과 병행해서 학문은 그 본래적 속성에 역행하여 통일은커녕 하나의 세포가 분열을 계속하듯이 서로 다른 세계로 세분되어 동일한 영역에 속하는 학자들 간에도 소통이 단절되어왔다. 벌써 반세기 전 『두 개의 문화 The Two Cultures』(1959)의 저자인 케임브리지 대학의 스노 교수는 대학 안에서조차 인문학과 자연과학 소속의 교수들 사이에 학문적 소통은 물론 자신과는 다른 영역의 학문에 관심조차 보이지 않았던 지적 상황과 학문적 풍토의 문제를 지적하고 인문학과 자연과학 간의 학문적 연결 및 통일의 필요성을 역설한바 있다. 그는 학문이 발달할수록 그 세계는 극도로 세분되어 분야를 달리하는 학자들은 각기 자신의 좁은 세계에 갇혀서 나무만 보고 숲을 보지 못하게 되고 있는 상황을 지적하고 한탄했다. 자연과 인간에 관한 진리를 밝혀내겠다는 학문이 발전이라는 이름으로 세분화되면서 자연과 인간에 관한 진리는 더욱 알 수 없게 되고 있다는 것이다. 오늘날 이러한 학문적 상황의 한탄은 스노 교수만의 경험이 아니다. 학문과 직접 상관없는 일반인들뿐 아니라 진리탐구에 종사하는 모든 학자들도 겪는 보편적인 경험이다. "우주의 비밀을 알면 알수록 그 의미를 깨닫기가 더 어려워진다The more the universe seems comprehensible, the more it seems pointless"라는 물질의 본질을 탐구하는 이론 물리학으로 노벨상을 받은 스티븐 와인버그 교수의 말이 바로 위와 같은 지적 상황을 대변해준다.

이런 맥락에서 여러 학문과 지식들 간의 통합, 더 일반적으로는 인문학과 자연과학의 교류, 소통, 통합의 필요성이 오래전부터 언급되어왔다. 한국에서는 생물학자 윌슨의 『통섭-지식의 대통합 Consilience: The Unity of Knowledge』이 최재천 교수의 번역으로 출판된 이후 새삼스럽게 학문의 '통섭·통일', 지식의 '퓨전·융합' 등의 낱말이 널리 유행하게 된 것은 늦게나마 다행이다. 학문의 세분화를 넘어 학문의 통일, 즉 통일된 학문, '지식의 통일성'을 위한 새로운 시도가 필요하다는 것이다. '지식의 대통합 the unity of knowledge'이라는 부제가 붙은 윌슨의 저서는 그가 나름대로 어떻게 '학문의 통합'이 가능한가를 보여주고자 기획된 이론인 동시에 범례이다. 그는 '통섭'이라는 인식론적 개념을 도입하여 물리학의 차원에서는 뉴턴과 아인슈타인, 보어와 하이젠베르크가 각각 만유인력과 양자역학으로, 철학의 차원에서는 고대의 탈레스가 '물水'로, 근대의 헤겔이 '정신의 변증법적 역정'으로, 종교적 차원에서는 고대 힌두나 중국의 전통사상 그리고 유대교나 기독교 같은 종교가 각각 브라만, 음양, 유일신으로 각각 나름대로 우주의 모든 현상을 근원적 차원에서 단 한 가지의 원리 또는 법칙으로 통일하여 총괄적으로 설명하는 데 있다.

그러나 위와 같은 물리학적, 사변적, 종교적, 기존의 모든 세계의 인식 양식 즉 각 학문들의 방법, 결과 및 그 근거가 서로 상충한다는 것이 문제였다. 『통섭』은 그저 지식 즉 학제적 일의 방법론적 개념이 아니라 저자 자신의 말대로 우주의 형이상학적 속성에 관한 형상학적 전제들을 바탕으로 한 각 학문들 간의 통합 혹은 융합의 방법과 그 근거에 관한 이론이자 구체적 사례이기도 하다.

바로 위와 같은 학문에 관한 현재의 맥락을 배경으로, 여기서 나는 첫째, 작금의 학계, 교육계, 언론에서 유행어처럼 사용되는 '지식통합', '학문의 퓨전' 등의 구호의 개념적 공허함을 지적하고, 둘째, 윌슨의 『통섭』에 깔려 있는 유물론적 세계관과 환원적 및 직선적 인식론의 한계를 비판적으로 검토하고, 셋째 인간을 포함한 우주 모든 것의 포괄적 설명 양식 즉 철학관인 동시에 나의 세계관이기도 한 '둥지의 철학'을 예로 들어 전일적이자 순환적 인식론과 세계관을 제안하려 한다.

2
궁극적 학문으로서의 통섭의 개념

눈을 뜨면 성질이 서로 다른 수만 가지 현상들이 눈에 들어온다. 그것들은 필요에 따라 무한이거나 아니면 단 한 개의 존재론적 범주로 분류될 수 있으며, 각기 존재의 속성에 따라 고유한 학문으로 묶인다. 독일의 철학자 딜타이는 인식대상을 자연적 존재와 정신적 존재로 양분하고, 그 대상에 따라 분류한 자연과학과 정신과학은 그 학문의 방법론이 전혀 다름을 강조했다. 두 학문을 동일한 원리로 설명하고 동일한 근거로 뒷받침할 수 없다는 것이다. 딜타이가 구분한 자연과학과 정신과학은 오늘날의 자연과학과 인문사회학의 구분과 대체로 일치한다. 자연현상과 정신현상의 구분은 각각의 영역에서 다시 수많은 현상으로 세분될 수 있으며, 그렇게 세분된 현상들의 인식방법은 각각 서로 구별된다. 전자가 자연, 즉 물질의 기계적인 인과법칙에 의해서 설명될 수 있다면 후자인 정신적 현상은 언어적 해석에 의해서만 설명되지만, 한 걸음 더 나아가면 만물은 동일한 단 하나의 원칙과 단 하나의 보편적 인과법칙밖에 없다는 것이다. 과연 어떻게 물질과 생명체, 생명체와 인간, 인간의 육체와 정신을 동일한 것으로 볼 수 있으며, 동일한 원리와 법칙으로 설명할 수 있을까? 우주 전체를 단 하나의 숲으로 파악하고 그것의 모든 작동을 단 하나의 원리로서 설명하려는 꿈을 포기하고 오로지 수많은 나뭇가지만 바라보고 만족해야 한단 말인가?

그렇지 않다. 장구한 기간에 걸친 지의 축적은 물질과 생명, 동물과 인간 사이의 존재론적 차이를 분석하면 할수록 궁극적으로는 그것들이 완전히 구별될 수 없는 동일한 것임이, 동일한 물질로 환원될 수 있음이 최근의 첨단 생명과학, 심리학, 뇌과학으로 날로 더 입증돼가고 있다. 현상적 차이는 절대적 즉 형이상학적이 아니라 피상적이며, 인간을 포함한 자연의 소재는 단 가지 속성인 물질이라는 사실이 거의 확실하게 되었고, 따라서 원칙적으로는 자연 우주 전체가 단 하나의 보편적 원리와 인과법칙으로 설명할 수 있게 되었다는 것이 생물학자 윌슨의 신념이며, 학문 즉 지식의 통일 이론으로서 그가 말하는 '통섭'의 개념이다. 이런 점에서 '통섭'은 그의 인식론인 동시에 형이상학이다.

인식론 즉 세계현상을 설명하는 방식으로서 '통섭'은 물리학, 화학, 생물학, 수학, 지리학, 언어학 철학, 문학을 같은 의미로서 하나의 학문으로 볼 수 있다. 하지만 자연 우주 전체를 하나의 원리에 비추어 전일적으로 설명하려는 점에서는 철학이나 종교나 천문학, 자연과학을 대표하는 이론물리학에 가장 가깝다. 그러나 윌슨이 새롭게 제안하는 '통섭'이라는 인식론이 인과적 결정론에 지배되는 유물론적 형이상학을 전제한다는 점에서는 한편으로는 철학이나 종교 등의 학문과 다르다. 가령 $E=mc^2$이라는 수식으로 서술되는 아인슈타인의 상대성이론과는 달리 실증할 수 있는 수학적 법칙으로 서술될 수 없다는 점에서 자연과학과 다르다. 이러한 사실은 "자연의 물질적 토대, 세계가 적은 수의 인과적 자연법칙에 의해서 조리 있게 설명될 수 있다는 형이상학적 신념, 세계의 물질적 초석과 자연의 통일성을 전제하는 통섭은 아직은 과학이 아니라 형이상학적 세계관이다"라는 윌슨의 진술로 분명해진다. 세계를 설명하는 학문적 이론으로서의 '통섭'은 우주의 모든 잡다한 현상이 "마디 없는 인과관계의 그물망으로 짜여져 있다"는 직관에만 의존하고 있기 때문이다.

윌슨은 인식론으로서의 '통섭'의 한계를 인정하면서도 모든 현상의 '마디 없는 인과적 그물망'을 찾아 물질과 생명, 마음과 몸, 동물과 인간, 예술과 문화, 철학과 종교, 과학과 사회윤리, 인간과 자연, 문명과 생태계 파괴, 인류 등등의 복잡하지만 확실히 존재하는 인과적 관계를 DNA에서 시작하여 인간과 자연, 문화, 문명에 이르기까지 꼼꼼히 추적하여 서술해 보인다. 이러한 사실은 그가 원래는 생물학자라는 사실과 무관하지 않다. 세계의 전일적 이해의 학문으로서의 '통섭'은 아직은 철학적 사념의 차원을 완전히 벗어나지 못했지만 윌슨은 언젠가는 그것이 명실공히 과학적 학문이 되기를 꿈꾼다. 그의 저서는 과학이기에 앞서 철학에 가깝지만 그가 백년을 더 산다면, 그리고 운이 좋다면 우리는 "모든 것의 이론" 즉 삼라만상과 그러한 것들을 다양한 측면에서 설명한 이론들로서의 수많은 학문들을 단 하나의 전체로, 요즈음 학계에서 회자되는 개념인 "종합 융합 퓨전"를 통해서 단 한 가지 인과적 수식으로 기술할 수 있는 법칙으로 설명하는 과학이론서로서의 제2의 통섭을 읽게 될 것이다. 하지만 과연 그런 날이 올 것인가? '통섭'이 학문 간의 '퓨전'을 의미하고, '퓨전'이 서로 다른 물감을 물에 섞음을 뜻한다면, 과연 그러한 학문적 퓨전이 가능하며, 과연 윌슨의 '통섭'이라는 이름이 붙은 학문을 의미하는가? 대답은 단연코 '그렇지 않다'이다.

3
학문들의 통섭과 퓨전

학문의 통합 혹은 융합을 외치는 이유는 그런 융합을 통해서 모든 학문의 발전할 수 있다는 것이다. 그래서 물리학자도 시를 읽고 철학을 배워야 하며, 철학자는 예술이나 생물학에도 익숙해야 하고, 과학자와 인문학자는 서로 상대방의 영역을 알아야 된다고 한다. 나의 영역과는 다른 학문적 영역을 통해서 미처 생각도 못했던 새로운 아이디어를 얻어 자신의 학문을 발전시킬 수 있다는 것이다. 뉴턴이나 다윈, 아인슈타인은 그들의 위대한 과학적 이론의 영감을 자신의 연구실에서 물리학 책이나 동물학 책을 읽거나 실험을 하는 과정에서 얻은 것이 아니라 떨어지는 사과에서, 캐러비안 해협의 섬에서 본 동물들의 생김새에서, 취리히 시내의 전차 안에서였다고 한다. 그러나 이러한 사건들은 그 학자가 자신의 학문과는 직접적으로 아무 상관이 없는 곳에서 우연히 창조적 아이디어의 힌트를 얻었던 경우이고 학문적 통섭이나 융합의 사례는 결코 아니다. 물리학과 철학, 심리학과 예술, 화학과 생물학, 윤리학과 사회학, 더 요약해 말해서 인문학과 과학의 융합이 그것들을 서로 색이 다른 물감을 물에 섞음을 뜻한다면, 학문의 발전은커녕 학문의 종말이 그 결과가 될 것이다. 자신의 지적 영역과는 전혀 다른 여러 분야에 능통한 학자가 반드시 자신의 영역에서 그만큼 자동적으로 뛰어난 것은 결코 아니다.

윌슨의 '통섭'은 자연과학과 인문학의 '융합'이 아니라 '환원'적 통일을 뜻하며, 이때의 환원은 전자에 의한 후자의 흡수, 인문학의 자연과학화를 뜻한다. 이러한 환원주의는 지각적으로 서로 다른 현상들이 근본적으로는 변하지 않은 동일한 실재의 다양한 합성물에 지나지 않다는 결정론적 유물론의 형이상학에 바탕을 둔다. 그럼에도 불구하고 나는 윌슨의 사유 밑바닥에 깔려 있는 기계적 유물론적 형이상학과 그것에 기초한 그의 자연 우주 세계관 및 인식론에 문제가 있다고 생각한다. 그리고 윌슨이 주장하는 학문의 환원적 흡수통일 즉 통섭이 꼭 필요하다면 그러한 통일은 그가 주장하는 바와는 반대로 자연과학으로 인문학이 흡수되는 것이 아니라 인문학에 의한 자연과학의 흡수로서만 가능할 것이며, 이때 새롭게 생긴 '통섭'이라는 일종의 메타학문은 일종의 메타인문학이 될 것이며, 그 방식은 영원히 끝나지 않는 '둥지 리모델링' 작업의 형태를 갖게 될 것이다.

4
둥지 철학을 향하여

위와 같은 주장을 뒷받침하기에 앞서 두 가지 기본적인 사실을 명시해둘 필요가 있다. 첫째, 유물론적 형이상학은 모순된 개념이다. 형이상학적 관념론자든 아니면 유물론자든, 유명론자든 아니면 리얼리스트든 그러한 형이상학적 혹은 인식론적 신념들은 우주의 일부가 아니라 필연적으로 우주 안에 있는 인간의 '관념' 즉 의식의 표현이기 때문이다. 둘째, 인식은 인간이 무엇인가를 의식하기 전부터 독립해서 완전히 객관적으로 존재했던 것을 발견하거나 수집하는 것이 아니라 인간의 의식에 의해서 개념적으로 해석되고 구성된 일종의 관념적 산물이기 때문이다. 인간이 보는 세계는 필연적으로 인간의 생물학적 및 심리학적 구조와 맞물려 있다는 것이다.

과학적 이론이 서술하는 자연이나 철학자, 종교인들이 말하는 세계는 시인, 예술가들이 그리는 세계나 인문학자들이 하는 말하는 사건과 정도의 차이는 있지만 근본적으로는 모두 인간의 주관이 반영되어 있다. 왜냐하면 그것은 인간의 주관에 의해서 자각되고 구성된 것이기 때문이다. 이와 같이 볼 때 과학적 지식, 과학적 이론은 한결같이 넓은 의미에서 '인문학'에 속한다. 과학이 그것이 어떤 종류이든 모든 의식, 인식, 신념, 설명, 이론 즉 학문은 다같이 인문학적이다. 인문학을 대표하는 학문이 철학이라면 윌슨의 주장하는 것과는 달리 철학을 과학으로 환원해서 볼 것이 아니라 과학을 보다 더 철학적으로 생각해야 한다.

세계는 곧 세계관이며, 세계관은 우리에게 주어진 특정한 시간적 및 공간적 조건들에서 인간이 상상을 동원하여 창조적으로 구성한 관념적 건축물이라면 그 구조물은 시간적으로나 공간적으로, 개인적으로나 사회적으로, 자연적으로나 문화적으로 가변적이므로 우리의 세계관 즉 우리가 건축한 세계상은 언제나 가변적일 수밖에 없고, 모든 상황에 적합할 수 있도록 끊임없는 재조정이 필요하다. 의식대상의 관념적 구성이 인간의 생존과 번영을 위해 몸과 마음을 쉴 수 있고, 행복하게 살 수 있는 둥지라면 그 둥지는 인간이 존재하는 한 끊임없는 수리와 재조정, 즉 리모델링이 불가피하다. 끊임없이 발전해왔고 앞으로도 끝나지 않을 과학적 탐구와 발전도 인간의 거처로서의 둥지의 리모델링 작업의 한 측면에 불과하다. 모든 자연법칙을 포함해서 어느 것도 완전히 절대적으로 결정되어 고정된 것은 없다. 모든 것은 부단한 변화의 소용돌이 속에 놓여 있고, 우주는 언제나 가능성에 개방되어 있으며, 인간은 언제나 나름대로의 창조적 자율성을 갖고 있기 때문이다.

색인

가다머, 한스 게오르크 Hans-Georg Gadamer (1900~2002) 102, 103
가설연역법/가설연역 모델 48, 103
감각질료 135
갈릴레이, 갈릴레오 Galileo Galilei(1564~1642) 39
개념대상 signifié-signified 80
객관성 16, 20, 39, 40, 49, 53, 85, 86, 107, 108, 111-115, 124, 129, 130-152, 154, 156, 185, 201
객관적 앎 episteme 132
관념철학 150-152
괴델, 쿠르트 Kurt Gödel(1906~78) 199, 200
교양교육 Liberal Education 25, 30, 33
구문론 構文論 syntaxtics 42, 64
구조 structure 44, 51, 55, 56, 59-71, 74, 76-85, 91, 99-102, 106, 108, 109, 185, 201, 203, 204, 221
구조주의 Structuralisme 44, 51, 55-58, 60, 62, 66-71, 73-87, 94, 99-103, 105-109
구호 slogan 156
굿맨, 넬슨 Nelson Goodman(1906~98) 110
규약 code 62-72
그레마스, 알기르다스 쥘리앵 Algirdas Julien Greimas(1917~92) 96
기호 20, 21, 41, 56, 59-75, 78-82, 84, 113, 122, 178

기호학 Sémiologie 20, 30, 55, 56, 59, 60, 64-67, 73, 80-82
기호현상 73, 75, 78
김부식 金富軾(1075~1151) 120
『삼국사기』 120
김정희 金正喜(1786~1856) 160
〈세한도 歲寒圖〉 160
노자 老子 30, 34, 45, 164-167, 204
『도덕경 道德經』 45
논리실증주의 39, 53, 117, 135, 140, 141, 144, 148, 184, 199, 205, 210
뉴턴, 아이작 Sir Isaac Newton(1642~1727) 16, 19, 85, 121, 139, 179, 194, 210, 211, 216
니부어, 라인홀트 Reinhold Niebuhr(1892~1971) 120
니체, 프리드리히 빌헬름 Friedrich Wilhelm Nietzsche(1844~1900) 206
다윈, 찰스 Charles Robert Darwin(1809~82) 16, 19, 196, 216
단테, 알리기에리 Alighieri Dante(1265~1321) 45
『신곡 La Divina Commedia』
담론 談論 discourse 90, 103, 157, 204
대상성 objectivity 130
데리다, 자크 Jacques Derrida(1930~2004) 16, 110, 144, 146, 199, 206
데카르트, 르네 René Descartes(1596~1650)

16, 41, 45, 48, 50, 53, 131, 132, 136-144,
147, 149, 151, 199, 200
『방법서설 Discours de la Méthode』 45, 48
도구적 학문 18
둥지의 철학/둥지 철학 209, 212, 217
뒤랑, 질베르 Gilbert Durand(1921~) 95, 97
뒤르켕, 에밀 Emile Durkheim(1858~1917)
48, 50
『사회학방법론의 규칙 Les Regles de la methode sociologique』 48
딜타이, 빌헬름 Wilhelm Dilthey
(1833~1911) 102, 178, 181, 195, 200,
205, 212, 213
라신, 장 밥티스트 Jean Baptiste Racine
(1639~99) 39
랑그 langue 61, 100
레비스트로스, 클로드 Claude Lévi-Strauss
(1908~91) 48, 50, 77, 78, 83, 109
『토테미즘 Totemism』 48
로티, 리처드 Richard Rorty(1931~2007)
144, 145, 199
『철학과 자연의 거울 Philosophy and the Mirror of Nature』 145
루소, 장 자크 Jean Jaques Rousseau(1712~78) 164, 165
리만, 게오르그 Georg Friedrich Bernhard
Riemann(1826~66) 16, 197
리샤르, 장 피에르 Jean-Pierre Richard
(1922~) 96-98
리오타르, 장 프랑수아 Jean-François Lyotard
(1925~98) 196, 204
리쾨르, 폴 Paul Ricoeur(1913~2005) 102-105

마르쿠제, 허버트 Herbert Marcuse(1898~
1979) 186
마르크스, 칼 Karl Heinrich Marx(1818~83)
19, 82, 93, 96, 120, 121
메타기호 79-82
메타-메타기호 80, 81
모노, 자크 뤼시앵 Jacques Lucien Monod
(1910~76) 196, 200, 205
모든 것의 이론 Theory of Everything 195, 215
모리스, 찰스 Charles Morris(1901~79) 78, 210
무솔리니, 베니토 Benito Amilcare Andrea
Mussolini(1883~1945) 122
문자언어 63, 65, 73, 75
문학과학 44, 91
문학성 littéralité 91, 92
문학언어 64-70, 73, 78
문화결정론 167
문화과학 Kulturwissenschaft/cultural studies
157, 162, 163, 170, 173
문화비평 cultural criticism 162, 164, 170,
172-174
문화현상 90, 115, 163, 167-170, 173
미켈란젤로 부오나로티 Michelangelo di
Lodovico Buonarroti Simoni(1475~1564)
160
〈천지창조〉 160
바르트, 롤랑 Roland Barthes(1915~80) 39,
65, 86, 96, 100, 109
「S/Z」 100 「라신론論」 100
바슐라르, 가스통 Gaston Bachelard(1884~
1962) 96-98

반방법 反方法 54
발자크, 오노레 드 Honoré de Balzac(1799~1850) 100
버클리, 조지 George Berkeley(1685~1753) 206
법칙 19, 44, 45, 47, 79, 91, 117, 163, 179, 209, 211, 214
베버, 막스 Max Weber(1864~1920) 19
베이컨, 프랜시스 Francis Bacon(1561~1626) 33
보들레르, 샤를 피에르 Charles-Pierre Baudelaire(1821~67) 98
보어, 닐스 Niels Henrik David Bohr(1885~1962) 114, 140, 143, 211
본질 97, 130, 135, 150, 154, 203, 211
분석철학 51, 118, 145, 204
블룸, 앨런 Allan Bloom(1930~92) 15
『미국 정신의 종말 The Closing of the American Mind』 15
비결정론 152
비트겐슈타인, 루트비히 Ludwig Wittgenstein(1889~1951) 39, 204
사관 史觀 111, 112, 117-125
사르트르, 장 폴 Jean Paul Sartre(1905~80) 83, 93, 96-98, 110
「보들레르론 論」 98
사회현상 44, 45, 72, 96, 177, 178, 185
생트뵈브, 샤를 Charles Augustin Sainte-Beuve(1804~1969) 39
서술적 학문 18
선험적 범주 138, 199
선험적 오성 147
선험적 인식론/선험주의적 인식론 138, 139

선험적 직관형식 138
선험철학 139, 144, 199, 210
설립적 해석학 95, 97
설명적 앎 103, 104, 113, 178-180
세네카, 루시우스 Lucius Annaeus Seneca(B.C.4?-A.D.65) 30, 35
셰익스피어, 윌리엄 William Shakespeare(1564~1616) 160, 167
소쉬르, 페르디낭 드 Ferdinand de Saussure(1857~1913) 61, 65, 100
소크라테스 Socrates(BC 470-BC 399) 132, 199
속성소 屬性素 property 44, 91, 100
술어 134, 135
슐라이어마허, 프리드리히 Friedrich Schleiermacher(1768~1834) 102
스노, 찰스 Charles Percy Snow(1905~80) 210
『두 개의 문화 The Two Cultures』 210
스미스, 애덤 Adam Smith(1723~90) 19
스탈린, 이오시프 Ioseb Dzhugashvili(1879~1953) 122
시학 詩學 poétique 91, 92, 221
신념 belief 113, 114, 121, 122, 129, 130, 132-142, 146-148, 157-160, 166, 173, 180, 196, 197
실용론 實用論 pragmatics 64
실존주의 Existentialisme 55, 66, 67, 83, 84, 94, 96, 97
실증합리성 109
아리스토텔레스 Aristoteles(B.C. 384~B.C. 322) 194, 204
아인슈타인, 알베르트 Albert Einstein(1879~

1955) 16, 39, 107, 114, 121, 123, 140, 143, 210, 211, 214, 216
앎 knowledge 19, 20, 39, 41-43, 47-53, 72, 77, 85, 104, 108, 109, 112, 113, 124, 132-134, 140, 141, 143, 177-182, 186, 194, 209
앎의 상대성 54, 110
앎의 체제 régime de savoir 145
약호 略號 code 100
양자역학 114, 140, 143, 147, 150, 152, 153, 195, 211
언어학 linguistics 42, 64, 65, 69, 81, 100, 101
엘리엇, 토머스 Thomas Stearns Eliot(1888~1965) 45
『황무지 The Waste Land』 45
역사서술 111, 112, 115, 117-124
역사학 20, 21, 41, 43, 111, 115-117, 120, 121, 125
오성 悟性 understanding/Verstand 138, 139, 142
오성의 범주 category of understanding 138, 142
와인버그, 스티븐 Steven Weinberg(1933~) 211
워프, 벤저민 Benjamin Lee Whorf(1897~1941) 142
윌슨, 에드워드 Edward Osborne Wilson (1929~) 200, 205, 211-218
『통섭-지식의 대통합 Consilience: The Unity of Knowledge』 211, 212
유물론 materialism 79, 118, 130, 154, 180, 216, 217
유클리드 Eucleides 16, 197

융, 카를 Carl Gustav Jung(1875~1961) 97
의미기호 significant-signifer 80
의미론 sémantique/semantics 64-67, 81, 101
의미현상 56-59, 63, 67
이데아 idea 130, 135, 138, 141, 147, 149, 151, 199
이론 18, 19, 33, 91, 117, 123, 125, 143, 147, 163, 209, 215
이론적재성 142, 199
이론적 학문 18
이상 李箱(1910~37) 93
『날개』 93
이태백 李太白(이백 李白, 701~762) 160, 166, 167
이해적 앎 104, 178, 180
인문사회현상 55, 56, 67, 69, 70-79, 83-87
인문학/인문과학 15-24, 27-36, 39-43, 45-56, 59, 89, 90, 103-111, 113, 116, 175-178, 182-190, 209-211, 216, 218
인문학의 방법론 39, 40, 47, 48, 102, 103
인문학의 위기 15-17, 25, 26, 34
인식대상 142
인식론적 객관성 131, 133, 134, 151
인식주체 129, 130, 134-138, 142, 143, 151, 185, 196, 201, 206
인식행위 130, 134, 146, 147, 152, 153
일연 一然(1206~89) 120
『삼국유사』 120
자명성 self-evidence 136, 151
자연과학 16, 17, 19-21, 29, 30, 35, 39-42, 45, 47-54, 57, 58, 67, 79, 85, 89-91, 96, 103, 104, 108-110, 113-117, 121, 135, 150, 153, 162, 175-178, 180-183, 185,

189, 190, 193, 195, 200, 205, 206, 209-217
자연과학의 방법론 47, 50, 85, 89, 117
자연언어 62, 64, 65, 74, 77-80, 90, 93, 100
자연현상 21, 39-42, 45, 50, 56-59, 62, 63, 67, 90, 92, 115, 143, 167-170, 177-181, 184-186, 213
장자 莊子 30, 34
전이해 前理解 Vorverstehen 102
정신과학 19, 178, 181, 195, 200, 205, 206, 212, 213
정초주의적 인식론 foundational epistemology 199
조이스, 제임스 James Joyce(1882~1941) 93
『율리시스 Ulysses』 93
존재론적 객관성 131, 146, 148, 149, 151, 153
주관성 108, 109, 112, 129, 139, 152, 153, 168, 185
주관적 가치관 124, 167, 185
주관적 신념 doxa 132
주어 43, 134, 135
지각기호 80
지각대상 80, 81, 134, 147, 154, 194, 203
진리의 상응론 198
진위 眞僞 111-113, 120-123, 130, 133-137, 140, 143-146, 153, 155, 197, 199, 200
초끈이론 super-string theory 203
촘스키, 노암 Avram Noam Chomsky(1928~) 77, 93
총체적 시각 118, 119
최재천 崔在天 211
카르납, 루돌프 Rudolf Carnap(1891~1970) 78, 135, 142, 144, 199

칸트, 임마누엘 Immanuel Kant(1724~1804) 16, 45, 136-147, 196, 199, 200, 204, 210
『순수이성비판 Kritik der reinen Vernunft』 45
코페르니쿠스, 니콜라우스 Nicholaus Copernicus(1473~1543) 132, 138, 147, 197
콰인, 윌라드 반 오만 Wilard van Orman Quine(1908~2000) 110, 199, 204
쿤, 토머스 Thomas Kuhn(1922~96) 110, 114, 142-144, 184, 199
『과학혁명의 구조 The Structure of Scientific Revolutions』 114
텍스트 text 20, 21, 27-30, 34-35, 44, 67-70, 75, 76, 90-94, 99-103, 106-108, 146, 206
토도로프, 츠베탕 Tzvetan Todorov(1939~) 44, 90, 91
『구조시학 構造詩學』 90
토인비, 아널드 조지프 Arnold Joseph Toynbee(1889~1975) 118, 120
통섭 211-217, 221
통일과학 Unified Science 54, 78, 210
파롤 parole 61, 100
파이어아벤트, 파울 Paul Feyerabend(1924~94) 54, 110, 144
『방법에의 도전 Against Method』 144
패러다임 의존성 142
포괄법칙 모델 covering law model 39, 47, 48, 103
포스트모더니즘 16, 114, 144, 157, 193, 199
푸코, 미셸 Michel Foucault(1926~84) 144, 145
프로이트, 지그문트 Sigmund Schlomo

Freud(1856~1939) 93-97, 196
프로타고라스 Protagoras(BC 485?~BC 410?) 136-138, 142, 199
플라톤 Platon 39, 40, 41, 110, 132, 135-153, 160, 166, 167, 196, 199, 200, 204
피카소, 파블로 Pablo Ruiz Picasso(1881~1973) 161
〈게르니카 *Guernica*〉 161
피타고라스 Pythagoras(?B.C.580~?B.C.500) 147
하버마스, 위르겐 Jürgen Habermas(1929~) 184
하이데거, 마르틴 Martin Heidegger(1889~1976) 102, 110, 135, 186
하이젠베르크, 베르너 Werner Karl Heisenberg (1901~976) 211
해석 解釋 interprétation 20, 21, 35, 43, 44, 50-52, 69, 79, 89, 91-101, 105-109, 112, 117, 124, 142, 146, 206
해석학 51, 89, 95, 97, 102, 103, 109
해석학적 해석 102
핸슨, 노우드 Norwood Russell Hanson (1924~67) 142, 143, 184, 199

행태주의 behaviorism 58
헤겔, 게오르그 빌헬름 프리드리히 Georg Wilhelm Friedrich Hegel(1770~1831) 120, 147-153, 196, 199, 204, 210, 211
헤라클레이토스 Herakleitos(BC 540?~BC 480?) 150
헴펠, 카를 Carl Gustav Hempel(1905~97) 39, 47, 48, 103
현상학 現象學 phenomenology 51, 95-99, 102-109, 135, 199, 204
현존 現存 présence 110
현현 aletheia 135
화이트헤드, 앨프리드 Whitehead, Alfred North(1861~1947) 204
환원적 해석학 95, 97
후설, 에드문트 Edmund Husserl(1859~1938) 53, 135, 136, 142, 144, 151, 199, 200, 204
흄, 데이비드 David Hume(1711~76) 139, 199
히틀러, 아돌프 Adolf Hitler(1889~1945) 122